当代民航精神在新时代的继承与弘扬

周 琦 著

吉林文史出版社
JILIN WENSHI CHUBANSHE

图书在版编目(CIP)数据

当代民航精神在新时代的继承与弘扬／周琦著. —

长春：吉林文史出版社，2021.8

ISBN 978-7-5472-7992-2

Ⅰ．①当… Ⅱ．①周… Ⅲ．①民用航空－中国－学习

参考资料 Ⅳ．①F562

中国版本图书馆 CIP 数据核字(2021)第 173271 号

当代民航精神在新时代的继承与弘扬

DANGDAI MINHANG JINGSHEN ZAI XINSHIDAI DE JICHENG YU HONGYANG

出 版 人　张　强
作　者　周琦
责任编辑　柳永哲
装帧设计　中图时代
印　刷　三河市嵩川印刷有限公司
开　本　710 mm×1000 mm　1/16
印　张　12.75
字　数　220 千字
版　次　2021 年 8 月第 1 版
印　次　2022 年 1 月第 1 次印刷

出版发行　吉林文史出版社
地　址　吉林省长春市净月开发区福祉大路 5788 号
网　址　www.jlws.com.cn
书　号　ISBN 978-7-5472-7992-2
定　价　58.00 元

目　录

第一章 绪 论

当代民航精神是民航在长期发展实践中形成的优良传统和文化成果,并日益成为推动民航业发展的重要精神动力。本章重点探讨当代民航精神的历史源流、当代民航精神培育的原则和目标以及当代民航精神与文化创新的聚合。

第一节 当代民航精神的历史源流

当代民航精神的历史源流,是多源、多流、多渠道的,同中华民族源远流长的历史发展,特别是实现中华民族伟大复兴的奋斗历程中所积淀的优秀文化间存在深刻、紧密的内在联系。

文化自信是一个国家,一个民族发展中更基本、更深沉、更持久的力量。必须坚持马克思主义,牢固树立共产主义远大理想和中国特色社会主义共同理想,培育和践行社会主义核心价值观,不断增强意识形态领域主导权和话语权,推动中华优秀传统文化创造性转化、创新性发展、继承革命文化,发展社会主义先进文化,不忘本来,吸收外来,面向未来,更好地为人民提供精神指引。

当代民航精神包含忠诚担当的政治品格、严谨科学的专业精神、团结协作的工作作风、敬业奉献的职业操守。必须大力弘扬践行当代民航精神,使之成为激励民航人为建设民航强国而奋斗的强大精神动力。任何一种行业精神都是基于自身特定的性质、任务、宗旨、时代要求和发展方向,在长期实践基础上逐步形成的。当代民航精神作为民航文化的综合体现,是全体民航人创造的特殊文化,映照着民航发展的厚重历史。

在中华民族的历史发展中,长期的社会实践凝聚形成了以爱国主义为核心的团结统一、爱好和平、勤劳勇敢、自强不息的伟大民族精神。这一民族精神是中华民族发展壮大的力量源泉,同时也为当代民航精神注入延绵不断的活水。爱国主义是民族精神的核心。

中华民族素以勤劳著称,勤劳是一个国家、民族富强昌盛的成功之匙,中华民族秉承勤劳勇敢的精神,书写着绚烂的篇章。天行健,君子以自强不息,这种自强不息,艰苦奋斗的精神贯穿整个民族发展史。在中国特色社会主义进入新时代,自强不息的精神对于塑造当代民航精神有着深刻的意义。

民航工作的首要核心是保证安全,这就要求全体从业人员必须具有强烈的事业心,高度的责任感,精湛的技术技能和敬业奉献的职业操守。民航服务业的性质又要求从业人员必须从各方面不断提高服务质量和水平,在各自的岗位上保持全心全意为人民服务的宗旨。

在当代民航精神的引领下,一大批奉行劳动精神、工匠精神、奉献精神的劳模成为全体民航人学习的榜样。民航所取得的巨大成就,正是以劳模为代表的一代又一代民航人不忘初心、努力奋斗的结果。

时代精神是一个国家或群体在特定的时空下的文化、学术、科学、精神与政治的总趋势,不同的时空背景下,有不同的时代精神。以改革创新为核心的时代精神为当代民航精神注入了崭新的时代元素。民航业的发展应顺应新的形势,开创新的局面,体现时代的脉动。

民航强国需要具备的特征包括:一是具有国际化,大众化的航空市场空间;二是具有国际竞争力较强的大型网络型航空公司;三是具有布局功能合理的国际航空枢纽及机场网络;四是具有安全高效的空中交通管理体系;五是具有先进、可靠、经济的安全安保和技术保障服务体系;六是具有功能完善的通用航空体系;七是具有制定国际民航规则标准的主导权和话语权;八是具有引领国际民航业发展的创新能力。民航需要在上述八个特征中不断汇聚融合,实现整体超越,展现综合实力,进而成为开创者和引领者。不满足于现状,不断追求进步,这正是民航改革创新的时代精神之最佳体现。

当代民航精神扎根于深厚优秀文化之中,以爱国主义为核心的民族精神萌发了当代民航精神,以艰苦奋斗为特征的建设精神塑造了当代民航精神,以改革创新为根本的时代精神对当代民航精神的提炼有重要意义。这些精神以不同的面貌与形态，体现在一代又一代的民航人身上，使得他们拥有忠诚担当的政治品格，严谨科学的专业精神，团结协作的工作作风，敬业奉献的职业操守，带领着民航走向创新，变成楷模。

当代民航精神日益成为建设民航强国的内在支撑和动力，民航人只有把握当代世界民航发展的规律和趋势，注重学习总结民航发展的成功经验，不断丰富和推进民航强国建设的思路和方法，才能最终实现民航精神，促进民航强国建设。

民航安全文化的发展演变有着自身的规律。民航安全文化的发展历程，就是民航安全文化在一定社会历史条件下起源、传播、整合和变革的过程。这个过程是循环往复、周而复始的，从简单到复杂、呈螺旋上升的发展趋势。对民航安全文化的起源与传播、整合与变革的规律进行探讨，将对民航安全文化的成功建设与科学发展大有裨益。

第二节　当代民航精神培育的原则和目标

重精神是中华民族的优秀传统，而崇尚精神的优秀传统也贯穿于民航业勇于开拓的历史进程之中，成为民航业特有的精神标志之一。人才资源是经济社会发展的第一要素，是科学发展的第一资源。民航强国建设，关键在于人才。因为人是生产力中最积极、最活跃的因素，更是实现民航强国奋斗目标的关键所在。民航需要一大批德才兼备、以德为先的高素质人才，这些素质主要体现在民航从业人员忠诚担当的政治品格、严谨科学的专业精神、团结协作的工作作风、敬业奉献的职业操守等四要素之中。

政治品格是指一个人所具有的思想品德素质，主要是指人在政治生活和工作过程中具有正确的政治意识，包括政治立场、政治观点和政治态度。要坚持践行社会主义核心价值观，这是民航人必须具备的最基本、最重要的政治素质，是民航人发展的首要品质，为民航从业人员指明了正确的政治方向。这种品格引领民航人在职业生涯中始终坚持以保证安全为前提，以提升发展质量为核心，以创新为动力,以确立民航业在国家发展中的战略地位为突破口,加强统筹协调,完善体制机制,努力为实现民航强国目标,为构建现代化民用航空体系,为全面提升民航业国际竞争力,为促进综合交通运输体系完善,为经济社会又好又快发展服务。

党的十九大明确提出要建设交通强国。民航强国是交通强国的重要组成部分,是交通强国的重要支撑,而且在交通强国中最具有国际化竞争优势,最能发挥引导领先作用。严谨科学的专业精神为民航精神注入了丰富的思想内涵。民航是一个具有高科学、高技术、高风险的行业,是一个集知识密集型和技术综合性于一体的行业,是一个系统性很强且以民用航空为核心的航空活动引起的经济联系构成的产业链。要求民航从业人员除了有文化知识外,还有较全面的专业技术理论和技能。所以,民航人除了要具备忠诚担当的政治品格外,还必须有严谨科学的专业精神,有较高的专业技术素质。民航人既要有为人民服务的思想,又要有为人民服务的专业能力。

团结协作的工作作风为当代民航精神的培育找到了正确的实现途径。民航的生产活动不是固定在某一个地方,而是在一个广阔的空间内进行,这种生产活动点多、线长、面广。点多是指民航的生产活动可多到各主要大中城市;线长是指民航的生产活动可长到跨洲、跨洋;面广是指民航的生产活动可广到世界各国。再加上自然条件的多变和社会环境的复杂性,这就要求民航生产指挥高度集中统一,各部门协调配合;要求民航从业人员服从命令,听从指挥,具有组织纪律性;还需要结合行业特点,发挥各岗位优势,紧密配合,使从业人员共同成为推动民航业发展的践行者。

敬业奉献的职业操守为民航精神融入了高尚的道德品质。民航的运输和作业不是在地面与水上,而是在空中进行的。这个特点对民航从业人员提出了一系列要求,其中最核心的是保证飞行安全,其他运输行业也要保证安全,但民航业更为迫切。所以,保证安全是民航完成生产任务最关键的职业道德规范。这就要求飞行员、机务维修人员等全体从业人员有强烈的事业心、高度的责任感、精湛的技术技能和敬业奉献的职业操守。

此外,民航属于服务性行业。运输航空为旅客、货主服务,通用航空为工农业等方面的众多用户服务。这种服务性的特点要求民航从业人员有良好的服务态度,对旅客、货主和用户热情、关心、尽心尽责,不断地提高服务质量和水平。要求民航从业人员在各自的岗位上有全心全意为人民服务的思想,贯彻人民航空为人民的宗旨。

综上所述,忠诚担当的政治品格、严谨科学的专业精神、团结协作的工作作风、敬业奉献的职业操守有着相辅相成的内在统一关系。忠诚担当的政治品格是民航人发展的方向动力,严谨科学的专业精神是民航人发展的价值体现,团结协作的工作作风是民航人发展的道德规范,敬业奉献的职业操守是民航人发展的安全保证。

一、当代民航精神培育原则

民航精神的培育,就是要帮助民航人牢固树立持续安全理念,为人民群众提供放心、舒适、便捷的航空运输服务。为此,当代民航精神的培育应遵循如下原则。

(一)坚持安全发展原则

安全是民航不可逾越的底线,要始终把人民群众生命安全放在第一位,坚持管行业必须管安全、管业务必须管安全。长期以来,民航付出了各种努力,成绩来之不易。全行业要切实防止松懈思想,进一步加强和改进安全工作,确保人员素质、安全管理、设施设备跟得上民航的发展。

(二)坚持科学发展原则

在经济全球化的大背景下,如何探索和选择正确的发展道路,在实际工作中促进全民航科学发展显得尤为重要。发展是解决民航一切问题的基础和关键。

(三)坚持服务社会公众原则

提升服务质量,保证航班正常,是民航一项长期且艰苦细致的工作。党的十九大提出"永远把人民对美好生活的向往作为我们的奋斗目标",其本质就是发展为了人民,服务社会公众的思想,是贯穿十九大报告的一条主线,也是民航强国建设必须坚持的核心理念。民航精神培育,必须把对社会公众负责、为社会公众服务作为根本的出发点和落脚点。

二、当代民航精神培育目标

民航精神是民航职工集体意识的集中表现,反映了企业成员的共同目标、共同利益、共同要求,使民航各个行业各个部门各个单位的职业行为意识趋向一致,自觉树立以维护民航的利益和荣誉为目标的整体观念。民航更需要有自己的具有时代特征的民航精神、民航作风、民航形象,体现当代民航精神培育的价值目标。

(一)安全是民航第一生产力

对于民航来说,一切科学技术的应用和发展首先及最根本的是为了安全。安全第一的方针是民航工作的长期指导方针。安全是民航的第一生产力,不仅体现了科学技术是第一生产力的全部内涵,更反映出民航工作的特点、工作性质,反映出民航工作的总体要求和目标。安全是民航第一生产力明确了安全对当代民航精神培育的重要意义,是民航精神培育的出发点和归宿。

(二)提供真情服务,保证航班正常

提高服务质量是民航精神文明建设的重要内容。民航业一直重视文明礼貌、热情周到,倡导旅客第一、服务第一、信誉第一,全心全意为人民服务。在当今激烈的市场竞争中,民航要想获得旅客的认可,就必须提供真情服务。要以旅客对民航工作是否满意作为民航服务的出发点和落脚点。民航应提出服务质量是发展根本的文化建设理念,构建以"四心"为主要内容的服务体系,即让旅客在选择及使用民航产品的过程中,感到放心、顺心、舒心、动心。

(三)以民航精神培育促进民航强国建设

民航精神是民航强国建设的内在支撑和动力。民航强国的重点是要把服务国家战略作为民航强国建设的方向,全面提升民航业服务国家战略的能力。要把握当代世界民航发展的规律和趋势;要注重学习总结民航发展的成功经验,不断丰富推进民航强国建设的思路和办法,从而实现以民航精神促进民航强国建设。

第三节 当代民航精神与文化创新的聚合

文化是民族的血脉,是人民的精神家园。在民航业内,建设民航强国要求持续加强行业文化建设,弘扬当代民航精神,对内统一思想凝聚人心,对外树立形象提升国际影响力。

大力弘扬和践行当代民航精神,要对公司的企业文化现状有清晰的认识。为了全面系统地了解文化现状,民航企业可以采取定性调研及定量调研相结合的方式,通过资料分析、员工访谈及问卷调查等方式,全面地收集数据,为更好地弘扬民航精神、加强企业文化创新把好理论方向。综合民航业整体环境、公司战略发展等实际情况、员工期望的文化类型等各个方面,可以确定对公司未来文化发展导向进行重塑,主要包括以下方面。

一、强化人本支持导向

关注员工满意度,提升员工归属感,提升员工心理资本,提高员工幸福感。

二、优化规范控制导向

减少指令主义,弱化等级观念,弱化管理,强化内部服务,建立高层与基层直接沟通的管道。

三、强化目标绩效导向

关注考核的实效性,明晰考核激励导向,拉大收入差距,通过绩效考核调动员工的积极性。

四、倡导灵活创新导向

积极变革、关注外部环境变化,满足旅客需求,进行管理、服务等方面的创新。

在文化重塑方向的指引下,形成企业文化创新成果,即自信自强、服从服务、敢作敢当、共建共享的企业作风,敬畏规章、诚实守信、落实责任、全员主动打造安全利益共同体的安全文化理念,愉悦服务、愉悦体验的服务文化理念以及廉以律己、诚以待人、公以处事的廉洁文化理念,对原有企业文化理念体系进行完善和发展。

企业作风是民航精神在企业的显现。民航公司应该大力加强企业作风建设,激发起广大员工干事创业的精气神,凝聚起建设民航强国的最大共识公约数,为企业的改革发展增添精神动力,这也是弘扬当代民航精神的实际行动。

自信自强,是一种底气。自信以自强为基,自强为自信固本,两者相辅相成。要以对事业的坚定信心和实干精神,开拓创新、奋发有为。服从服务是一种使命,显示着大局为重、甘于奉献的责任感和使命感。敢作敢当,是一种勇气,反映的是敢为人先、当仁不让、勇创一流的精神品质。共建共享,是一种情怀,反映了民航人团结协作、和谐共赢的价值追求。要坚持包容性发展,营造包容性文化,努力成为有梦想、懂感恩的企业,让合作伙伴和公司员工拥有更多获得感。

民航企业应该开展安全、服务、廉洁等文化主题创新活动,激发广大员工参与文化创新的积极性,让民航精神在企业工作中创造价值,将民航精神的内在价值转化为企业价值和核心竞争力的提升。在服务文化方面,加强协同配合,建立服务提升的整体联动机制,为旅客提供更多愉悦服务、愉悦体验。在廉洁文化方面,要积极开展党课教育活动,推动员工奖惩管理办法的修订完善,为实现公司持续健康发展提供坚强纪律保障。

第二章　民航服务与安全文化精神

民航服务是依靠民航的各类服务设施,将有形的技术服务和无形的个人影响力及情感传递融为一体的综合性服务。民航安全文化精神是民航安全意识形态的综合。本章重点探讨民航服务的多元化分析、民航安全文化的建设以及民航安全文化的精神。

第一节　民航服务的多元化分析

一、民航服务的特征及要求

依据民航业特点,可以把民航服务理解为:按照民航服务的内容、规范和具体要求,以民航资源、设施设备为依托,以旅客的需求为中心,为满足旅客的需要而提供的一种服务。旅客是民航服务的主体,服务人员和民航资源设备是民航服务的客体,二者通过民航业作为媒介紧密地结合在一起。

根据民航服务的实践性,民航服务有着更广、更深的内涵,主要包括以下方面。

第一,从服务的项目和内容上看,民航服务不仅是服务能力和技巧的体现,还包括航空公司、机场和酒店所提供的各种服务设施,是有形设施与无形服务组成的共同体。

第二,从旅客的角度看,民航服务是旅客在消费过程中的一种体验和经历,在精神上和物质上都获得了一种满足,这是对服务提供方的一种印象感知。

第三,从航空公司、机场和酒店的角度看,民航服务通过服务人员的劳动生产出无形的产品提供给旅客,产品的质量好坏将直接影响到航空公司、机场和酒店的品牌形象和美誉度。良好的民航服务会给旅客带来宾至如归的感觉。

(一)民航服务的特征

民航服务的特征是以航空服务的特征为基础集中体现的,是在特殊的环境下对特殊的群体进行的服务,可以概括为以下特征。

1.民航服务的运行环境特殊

航空服务的实施大多体现在机场或客机上,整个服务过程要受到机场或客舱空间、航班进出港和飞行状态的影响和制约。因此在服务的时候必须符合严格的规范性和灵活的机动性,机场和机组人员要紧密配合,为旅客提供满意和周到的服务。

2.民航服务的安全责任重大

航空的安全是旅客的最大需求,保障旅客的生命财产安全是民航服务人员最基本的任务。飞机是最安全的交通工具,但是一旦出现事故,就会变得最危险,因此机场的安全检查和空中的警卫工作至关重要。

3.民航服务内容繁杂,操作难度大

随着民航企业竞争日趋激烈,航空服务的内容和项目也越来越细化、繁杂。从各大航空公司和机场所提供的服务内容来看,民航服务涉及面广,包括礼仪、技术、救助、咨询、餐饮、安全、娱乐等多项服务,同时操作难度很大,要求服务人员具备良好的心理素质和高超的服务技能。

4.民航服务消费一次性

民航服务的生产和消费是同时进行的,旅客对民航服务的心理要求具有一次性的特点。一次性服务产品的质量如何,只体现在客人消费当时的感知,并不是服务后的补偿。对于民航服务人员来说,每一次对旅客的服务,都要有积极投入的态度和周到细致的服务安排,让客人在第一时间就获得良好的体验。

5.民航的个性差异化服务明显

随着民航业的迅速发展,航空消费趋于大众化,服务人员每天要面对各种各样的旅客,他们的需求也存在差异。这就要求民航服务人员在提供日常标准化服务的同时,还要根据不同旅客的不同需求来提供个性化服务,关照特殊的旅客,缓解旅客的各种情绪。

6.民航服务人员素质要求高

在航空服务的特殊环境下,面对航空旅行的特殊群体,民航服务人员不但应具备良好的外形条件,还必须具备稳定成熟的心理素质、高度的责任心和超强的应变沟通能力。这就需要服务人员具备良好的综合素质,这样才能为旅客带来优质的服务。

(二)民航服务要求

随着大众对民航业的要求越来越高,对每一位民航服务人员的素质要求也越来越高。作为一名合格的民航服务人员,应该要达到以下方面的基本要求。

1.体魄健康与和外形条件良好

首先,民航服务行业是个脑力和体力都高度集中的密集型产业,工作强度大、时间长,没有健康的体魄是不能够胜任这项工作的;其次,良好的外形条件容易塑造服务人员良好的第一印象,从而拉近与旅客之间的距离,增强亲切感。但是良好的外形条件并不是单纯地指美丽的容貌,而是服务人员本身由内向外透露出来的个人气质,是一种个人魅力的展现。

2.心理素质成熟稳定

各种突发事件的处置成功与否,直接取决于处理者心理素质的好坏。在民航服务过程中,经常会遇见一些复杂的问题和紧急突发事件,这就需要民航服务人员具备良好的心理素质来面对和解决这些问题及突发事件。成熟稳定的心理素质体现为处变不惊、沉着果断,除了能有效地控制自身情绪外,还能影响和控制周围其他人的情绪。此外,民航服务人员还要学会在面对困难、挫折以及旅客的抱怨时,能够及时调整自己的情绪,始终为旅客提供优质的服务。

3.服务意识敏锐

服务意识是服务人员主动为客人提供优质服务的意念和愿望,是人们服务行为的驱动力,是更好地满足客人需求的前提和基础。因此,民航服务人员应该以使旅客感到宾至如归为服务原则,树立旅客至上,服务第一的意识。一名优秀的民航服务人员如果经常以旅客为中心,或者从旅客的角度来体会旅客的需求,就能妥善处理好在服务过程中发生的各种问题。

4. 团队精神积极向上

在为实现共同目标而建立的团队中,成员们必须对于如何将个人力量更好地贡献于集体目标而具有统一的理解和认识,并建立起共同的承诺,使团队成员为了一个共同的目标而有机地凝聚在一起。由不同背景、不同经历的个人所组成的团队将会产生更多具有创新意义的设想。在民航服务过程中,团队应该具有这样的潜能,即能把各种技能、经验和专业知识有机地结合起来,保持服务的活力和创新,在竞争中求得生存和发展。

人类通过感知世界而获得知识,产生思维和行动。知觉可谓是解释各种行为发生的一把万能钥匙。通过了解社会知觉的内涵与特征,学会运用社会知觉的规律,分析、处理在民航服务中遇到的各类问题,可以更好地把握旅客心理,从而提高民航服务质量。

二、民航服务与社会知觉

(一)社会知觉心理

人们认识世界的过程是从感性到理性的过程,感觉和知觉是认识世界的开端,是构成认识过程的初级阶段。只有在感知的基础上,人类才能进行更高级的知觉活动。

1. 感觉与知觉的内涵

感觉是人脑对直接作用于感觉器官的客观事物的个别属性的反映。人的感觉器官接收到刺激,就使人脑对客观事物的某一个别属性产生反映。这种对事物的个别属性在大脑中的反映,就是感觉。人们不仅能感觉到人身体以外的事物状况,而且能够感觉到自身肌体的变化和内部器官的状况。通过感觉,人与世界形成了紧密联系,并因此认识了世界。

物体有光线、声音、温度、气味等属性,人们没有一个感觉器官可以把这些属性都加以认识,只能通过感觉器官,分别反映物体的这些属性。每个感觉器官对物体一个属性的反映就是一种感觉。另外,对物体个别属性的反映却不是感觉。例如,人们回忆起看到过的一个物体的颜色,虽然反映的是这个物体的个别属性,但这种心理活动已不属于感觉而属于记忆了。所以,感觉反映的是当前直接作用于感觉器官的物体的个别属性。

知觉是人脑对直接作用于感官的客观事物的各个部分和属性的整体的反映。知觉在感觉的基础上产生,是各种感觉在头脑中经过综合形成的对于事物整体形象的反映,是一个比较复杂的心理过程,包括从复杂的环境中将一些感觉分离出来加以组织,并根据过去的经验作出解释等一系列心理活动。

2.感觉与知觉的关系

(1)感觉和知觉的联系。知觉和感觉同属认识的初级阶段,都是人对客观事物的直接反映,离开了事物对感官的直接作用,既没有感觉,也没有知觉。同时,感觉是知觉的基础,是知觉的有机组成部分,没有感觉就没有知觉,知觉是感觉的深入发展。感觉越丰富、精细,知觉就越正确、完整。

(2)感觉和知觉的区别。感觉和知觉的内容不同,通过感觉只能认识事物的个别属性,通过知觉人们可以认识事物的整体属性。感觉和知觉是不同的心理过程。感觉是一种最简单的心理现象,是介于心理和生理之间的活动,感觉的产生主要通过感觉器官的生理活动过程以及客观刺激的物理特性,相同的客观刺激会引起相同的感觉。而知觉则是一种较为复杂的心理现象,是一种纯粹的心理活动,是在感觉的基础上对物体的各种属性加以综合和解释的心理活动过程,表现出人的主观因素的参与。

3.感觉与知觉的分类

(1)感觉的分类。根据感觉的刺激来源和反映事物的个别属性的不同,可以把感觉分为外部感觉和内部感觉两类。外部感觉是由肌体以外的客观刺激引起、反映外界事物个别属性的感觉,包括:视觉、听觉、嗅觉、味觉、肤觉(温觉、触觉和痛觉);内部感觉是指接受肌体本身的刺激,反映自身的位置运动和内脏器官不同状态的感觉,包括运动觉(身体的位置变化和运动,如后背挠痒)、平衡觉(头部运动的速率和方向,如晕车晕船)、肌体觉(内脏的活动和变化,如身体疲劳)。

(2)知觉的分类。根据在知觉中起主导作用的感觉器官的特性,可以把知觉分成视知觉、听知觉、触知觉、嗅知觉等;根据知觉对象的不同,可将其分为以下两种:对物的知觉和对人的知觉。对人的知觉又称为社会知觉。

物体知觉是指对物或事及外部关系的知觉。任何物或事都具有空间特性、时间特性及其运动变化,因此,物体知觉可分成空间知觉、时间知觉和运动知觉。空间知觉是对物体的形状、大小、距离、方位等空间特性的知觉;时间知觉是指人对客观物质现象延续性和顺序性的反映;运动知觉是指人对物体在空间位移的知觉。

社会知觉是指个体在社会环境中对他人(某个个体或群体)的心理状态、行为动机和意向(社会特征和社会现象)的知觉,是一种含感知、判断、推测和评价在内的社会心理活动。包括对他人的知觉、人际知觉、角色知觉和自我知觉。

4.感觉与知觉的规律

(1)感觉的规律。感受性是指人对刺激物的感觉能力。不同的人对刺激的感受性是不同的。同一个人对不同刺激的感受性也是不相同的。感受性是用感觉阈限的大小来度量的。感觉阈限是指在刺激情境下感觉经验产生与否的界限,感受性和感受阈限成反比关系。

感觉的适应性是指由于刺激物对感受器的持续作用而使感受性发生变化的现象。适应可以引起感受性的提高,也可以引起感受性的降低。通常强刺激可以引起感受性的降低,弱刺激可以引起感受性的提高,一个连续的刺激可以引起感受性的下降。

感觉对比是指两种不同的刺激物作用于同一感受器而使感受性发生变化的现象,包括同时对比和继时对比两种现象。两种刺激物同时作用于某种特定的感受器时,产生同时对比。两种刺激物先后作用于同一感受器时,产生继时对比。联觉是一种感觉引起另一种感觉的现象。一般而言,弱刺激能提高另一感觉的感受性,强刺激会降低另一感觉的感受性。

(2)知觉的规律。知觉的整体性,指知觉的对象都是由不同属性的许多部分组成的,人们在感知时却能依据以往经验组成一个整体。知觉的整体性可以归纳为以下定律。

第一,接近律,是指空间位置接近或发生时间相近的客体,容易被知觉为同一个整体。

第二,相似律,是指人们在感知各种刺激物时,容易将具有相似自然属性的事物组合在一起。

第三,连续律,是指几个对象在空间和时间上如果有连续性,容易被感知为一个整体。例如,各国航空公司的职工、空中乘务人员都有统一制服。人们看到他们的服装及不同的标志,很容易将他们知觉为一个整体。他们代表着公司的形象,成为航空公司的象征。

客观事物是多种多样的,在特定时间内,人只能感受少量或少数刺激,而对其他事物只作模糊的反应。被选为知觉内容的事物称为对象,其他衬托对象的事物称为背景。某事物一旦被选为知觉对象,就好像立即从背景中凸显出来,被认识得更鲜明、更清晰。一般情况下,面积大的,颜色鲜艳的,移动速度大的,以及同周围明晰度差别大的东西都较容易被选为知觉对象。

影响知觉选择性的因素有刺激的变化、对比、位置、运动、大小程度、强度、反复等,还受经验、情绪、动机、兴趣、需要等主观因素影响。由知觉选择现象看,除了少数具有肯定特征的知觉刺激(如握在手中的笔)之外,几乎不能预测,提供同样的刺激情境能否得到众人同样的知觉反应。

知觉的理解性,是指必须借助过去的知识和经验,理解客观事物的含义,才能形成整体的知觉印象。知觉理解性的主要影响因素,包括个人的知识经验、言语指导、时间活动及个人兴趣、爱好等因素。当人们知觉某一刺激时,如果与需要、态度和兴趣有关,就可以使知觉直接对准所需要的事物,从而缩短知觉距离,但有时也易使人们形成偏见。例如,一名旅客在飞机上对某项服务不满意,就容易认为这家航空公司的服务都不到位,服务质量不高,进而对这家航空公司形成不好的印象。

知觉的恒常性,是指当知觉条件发生变化时,知觉的印象仍然保持相对不变,这就是知觉的恒常性。常见的恒常性有亮度恒常性、大小恒常性、形状恒常性、颜色恒常性等。

（3）错觉。错觉是在外界条件的干扰下，在人的主观状态的影响下，对知觉对象所做出的不正确的反映或失真的反映。错觉的种类很多，几乎在各种知觉中都会发生，如错听、错味、错嗅、视错觉、时间错觉、大小错觉、方向错觉等。

（二）民航旅客社会知觉的影响因素

知觉不仅受感觉系统、生理因素的影响，而且依赖于人们过去的知识和经验，以及个人的兴趣、需要、动机、情绪等心理因素的影响。知觉过程是一个复杂的机能系统，这个系统依赖于许多皮层区域的完整复合体的协调活动。

1. 航空公司的客观因素

人从同时作用于感官的纷繁刺激物中主观地选择某些刺激物做一定的加工，被选择的刺激物就是知觉对象，而其他刺激物就是知觉的背景。与知觉背景相比，知觉对象一般是鲜明的、完整的、有意义的、容易被记忆的。人们对自己周围世界的某种刺激物的大小、形状、声音、色彩、运动等比较熟悉，当其他一些刺激因素出现时，如果这些刺激因素与人们所预料的差别较大，就容易引起人们的注意从而成为知觉的对象。一般而言，响亮的声音、鲜艳的色彩、突出的标记等都会引起人们的注意，使人们清晰地感知到这些事物。各国的航空公司，无论是公司标志、飞机标志，还是服务人员的服务，服务技能技巧，其目的都是吸引旅客的注意力，给旅客留下深刻难忘的印象。

（1）机场环境对旅客社会知觉的影响。优美宜人的机场环境，会吸引旅客的注意力，提高旅客对航空公司的美誉度，给旅客留下美好的印象。其中，色彩对人们心理情绪的影响尤为重要，下面主要探讨一下不同的色彩对心理情绪的不同影响。

绿色是一种令人感到稳重和舒适的色彩，具有镇静神经、降低眼压、解除眼疲劳、改善肌肉运动能力等作用，自然的绿色还对疲劳与消极情绪有一定的舒缓作用。但长时间在绿色的环境中，易使人感到冷清，影响胃液的分泌，食欲减退。

蓝色是一种令人产生想象的色彩，同时也是相当严肃的色彩，具有调节神经、镇静安神的作用。蓝色的灯光在治疗失眠、降低血压和预防感冒中有明显作用。有人戴蓝色眼镜旅行,可以减轻晕车、晕船的症状。但患有精神衰弱、抑郁症的人不宜接触蓝色,否则会加重病情。

黄色是人出生最先看到的颜色,是一种象征健康的颜色,之所以显得健康和明亮,是因为黄色是光谱中最易被吸收的颜色。黄色的双重功能表现为对健康者有稳定情绪、增进食欲的作用;对情绪压抑、悲观失望者会加重这种不良情绪。

橙色能产生活力,引发食欲,也是暖色系中的代表色彩,同样也是代表健康的色彩,橙色也含有成熟与幸福之意。

白色能反射全部光线,具有洁净和膨胀感。空间较小时,白色对易动怒的人可起调节作用,这样有助于其保持血压正常。但患孤独症、精神抑郁症的患者则不宜在白色环境中久住。

粉色是温柔的最佳诠释。让发怒的人观看粉红色,情绪可能会很快冷静下来,因粉红色能使人的肾上腺激素分泌减少,从而使情绪趋于稳定。

红色是一种较具刺激性的颜色,它给人以燃烧和热情感。但不宜接触过多,过多凝视大红颜色,不仅会影响视力,而且易产生头晕目眩之感。心脑病患者一般是不能接触红色的。

黑色具有清热、镇静、安定的作用,对激动、烦躁、失眠的患者起恢复、安定的作用。

灰色是一种极为随和的色彩,具有与任何颜色搭配的多样性。所以在色彩搭配不合适时,可以用灰色来调和,对健康没有影响。

各航空公司的空乘服务人员的服装各具特色,或体现民族特点,或追求时尚,目的都是体现自身的企业文化与理念,吸引旅客的注意力,力求给旅客留下美好、深刻的印象。人们对空乘服务人员服装的注意与喜欢,就体现了社会知觉选择性的特点。乘务员独特的服装,在颜色相对单调的机舱内无疑形成了一道亮丽的风景线,吸引了旅客的注意,引起了的兴趣。这也是航空公司树立品牌形象,赢得市场的良好营销手段。

(2)服务措施与服务手段对旅客社会知觉的影响。机场环境、措施、服装是航空公司吸引旅客的外在手段,是能够对旅客产生持久影响力的关键,是航空公司的服务举措与手段。为此,有些航空公司不惜投入巨大的财力、物力、精力,精心打造自己的品牌和形象。

(3)飞机班次、时间及机上服务对旅客知觉的影响。各种飞机所具有的基本功能从本质上讲是相同的,其差别难以区分。旅客对某航空公司的偏爱与航空公司所使用的飞机型号几乎没有多大关系。一般而言,旅客对班机的选择,主要与四个因素密切相关,即起飞时间,是否能按时到达目的地,中途着陆次数,服务人员的服务态度。

时间的价值对于旅客来说是很重要的,比飞机的类型和娱乐条件更为重要。现代人重视时间的价值,希望飞机起飞和到达的时间符合自己的需要和计划,以便充分利用时间,顺利完成自己的计划。旅客希望在最适合的时刻起飞,并按时到达目的地。旅客一般对直达班机的印象最好,对经停着陆次数多的航班印象会差一些。因为中途着陆可能延误飞机的飞行时间,耽误行程,并且飞机事故发生频率最高的时段就是在起飞和降落的过程中,从而增加了旅途的危险性,这也让旅客在心理上有不踏实感。而且,飞机起降时旅客也有较强的不舒服感。

此外,民航服务人员服务的态度也相当重要。相互竞争的航空公司间除了航班时间与机型不同之外,很难再找到他们之间的区别。两者飞往同一个目的地,如果价格也接近的话,服务质量就显得尤为重要了。在同样安全而便利的航班中,只有那些有良好民航服务的航班才最受欢迎。而且飞机的类型、驾驶员的技术水平、飞机的新旧以及机上休息和娱乐等,旅客也是很关心的。因为这些因素与飞行的安全与舒适密切相关。总之,旅客对飞机的知觉印象主要建立在时间、安全与舒适的基础上。

(4)旅客对机上服务的知觉。旅客知觉机上服务时,主要注意的是服务质量和服务特色,知觉印象取决于服务质量的高低和服务项目的新颖。对服务质量的评价,通行的五个标准包括:有形性标准、可靠性标准、信任性标准、责任心标准和移情作用标准。有形性指设施、服务人员的仪表;可靠性指可靠、准确地提供许诺的服务的能力;信任性指给人以信任和信心的服务人员;责任心指热情地帮助旅客的意愿;移情作用是指对旅客的关心和个别照顾,体现了服务人员对旅客需要的理解。

　　总之,友好、热忱、优雅、周到、礼貌的机上服务,容易使旅客产生舒适感、安全感和公平感,从而留下良好的印象。各个航空公司的竞争,归根到底就是服务质量的竞争。因此,提高自身的服务质量和水平,是航空公司最重要的工作目标。网上用户对于飞机上的服务,尤其是人性化服务更为关注。如果航空公司在空乘人员的培训和客舱环境上进一步努力,并且在这两点上增加宣传力度,将在激烈的航空市场竞争中保持自己的竞争优势。

　　2.旅客的主观因素

　　旅客社会知觉不仅受客观因素的影响,也受主观因素的影响。影响旅客社会知觉的主观因素主要包括以下方面。

　　(1)兴趣。一般而言,人们所选择的知觉与其所关心的事物是密切相关的。兴趣,能帮助人们在知觉事物中排除毫不相干或无足轻重的部分。兴趣是人们积极探究某种事物或从事某种活动的意识倾向。这种倾向使人们对某种事物给予优先关注。人们通常把自己感兴趣的事物作为知觉对象,而把那些和自己兴趣无关的事物作为背景,或干脆排除在知觉之外。例如,常乘坐飞机的旅游者,比不常乘坐飞机的旅游者更容易注意航班及其票价的变化。一个讲求办事效率和思想较为敏锐、开放的人,购买飞机票时可能会更乐于接受网上的订票服务。

　　(2)需要和动机。人们的需要和动机对知觉有着重要的影响。动机是直接推动人们从事某种活动的内在驱动力。一般情况下,只有那些能够满足人们需要、符合人们动机的事物,才能引起人们的注意,从而被清晰地感知。随着经济的发展,时间成了决定人们成功与否的重要因素。一些商务旅行的旅客在选择交通工具时首选飞机,因为飞机的方便、快捷能够满足他们对时间的需要。还有一些人对社会地位的心理需要影响了他们的知觉。总之,人们的需要和动机对知觉有着非常显著的影响。

　　(3)经验和期望。经验是人们从实践活动中得来的知识和技能。凭借以往的经验,人们可以很快就对知觉对象的意义做出理解和判断,从而节约感知时间,扩大知觉范围。比如,如果旅客对某家航空公司的服务很满意,形成良好的印象,那么今后再乘坐飞机时,很可能会再次选择该家航空公司。原因就在于他对这家航空公司形成了良好的印象,以往的经验促使他成为这家航空公司忠实的旅客;另外,如果有人曾向他介绍和推荐某家航空公司的服务,这些知识和间接经验也可能影响他对航空公司的选择。

(4)其他个体因素。影响旅客社会知觉的主观因素,除以上几个方面外,还包括人口统计方面的因素。例如,收入、年龄、性别、职业、家庭结构、国籍、民族和种族、态度、信仰、心境等。其中,年龄、职业、收入、性别等因素对旅客社会知觉的影响较大。

(三)民航服务人员对旅客社会知觉的认知

民航服务人员不仅要关注影响旅客社会知觉的相关因素,同时也要把握自身对旅客社会知觉的内容,以更好地完成服务工作。对旅客社会知觉的认知,就是通过对旅客外部特征的知觉,进而取得对他们的动机、情感、意图等方面信息的认知。换言之,认识旅客必须根据他们的言语和行动。民航服务人员可以从以下方面对旅客社会知觉进行认知。

1. 表情认知

面部表情是一个人的情绪状态的外显行为,也是向他人传递信息的工具。对表情的认知,可以通过察言观色来进行。察言,即注意一个人的声音。从一个人的言语节奏、语调高低、语速缓急,可以了解其内心世界和性格特征;观色,即观察一个人的面部表情。面部表情是一个人喜、怒、哀、乐的晴雨表。服务人员应注意观察他们的行为,及时提供周到细致的服务。

2. 个性认知

个性是个体多种心理特征的组合,集中地反映了一个人的精神面貌及不同于他人的独特的心理类型。个性是个人在相当长的时间内形成的较为稳定的心理品质,而且个性本身看不见、摸不着,必须通过人们的言谈举止去推断。例如,性格倔强的旅客,一般对服务比较挑剔;而性格温和的旅客,一般对服务人员的态度比较随和,对服务质量的要求不过分。旅客的性格通常会从使用的言词、语调、仪表仪容、身体语言上有所反映。在服务中通过观察,将有助于采取相应的服务方法。

3. 角色认知

根据教师这一角色特征,可以推断他们一般谈吐文雅、仪表端庄;根据医生这一角色特征,推断他们一般对服务的质量及卫生条件要求较高;而根据旅客的行为和心理特征,也可以判断其所从事的职业和相应的角色。

4. 心理素质认知

心理素质,是一个人在社会生活中所表现出来的心理稳定的程度。特别是对待困难、挫折或遇到突发事件时的态度、情绪、意志力等心理行为的表现,反映了一个人心理素质水平的高低。人们通常认为乘坐飞机比火车危险。有的旅客乘坐飞机时表现得很紧张、担忧、情绪反应较为激烈,这样的旅客其心理素质水平普遍较低;有的旅客显得很从容、镇定、情绪稳定,这样的旅客其心理素质水平一般较高。

自我知觉,指一个人通过对自己行为的观察而对自己心理状态的认识。人不仅在知觉别人时要通过其外部特征来认识其内部的心理状态,同样也要这样来认识自己的行为动机、意图等。观察别人与观察自己是有区别的,这种区别在于:第一,人们观察自己时所掌握的信息要比观察别人时更多;第二,观察自己与观察别人有熟悉和陌生的区别,对自己行为的知觉比对别人更熟悉,这是因为自己对自己的知识、经验和过去的经历,要比别人知道得更多些;第三,观察者与被观察者的区别,在知觉别人时自己是观察者,别人是被观察者;而在自我知觉时,自己既是观察者又是被观察者。

作为民航服务人员,对自己必须有正确的知觉。要了解自己的性格、气质特点,了解自己的情绪、情感特点,分析自己的优点和缺点,在为旅客服务过程中要注意避免自己的缺点和不足,发挥自己的长处。总之,自我知觉相当重要。民航服务人员只有正确地进行自我知觉,才能对自己的心理及行为进行有效的控制和调节。

(四)民航服务中的社会知觉偏差

在社会知觉过程中,由于受知觉对象的复杂性、知觉者主观性及知觉者加工信息能力的有限性等因素的影响,人们在知觉他人或自己时不可避免地会产生偏差。这些偏差包括以下方面。

1. 第一印象决定论

在人际交往中,或者是在平时对于某一事物的接触过程中,人们对于交往对象或者接触的事物所产生的最初印象就是第一印象。这种印象,不但直接左右着人们对于自己的交往对象或者所接触的事物的评价,而且还在很大程度上决定着双方关系的好坏,或者人们对于某一事物的接受与否。

所谓第一印象,实际上往往可以与人们的第一眼印象画上等号。人们平日对于某人、某物、某事所产生的第一印象,大都是在看到或听到对方之后的一刹那之间形成的。人们在接触某人、某物、某事之时,大都少不了会对对方产生第一眼印象。而这种瞬间所形成的第一眼印象,通常只需要 30 秒钟左右的时间。对于不少人而言,他们对于某人、某物、某事的第一印象的形成,甚至只需要 3 秒钟左右的时间。在他们那里,第一印象与第一眼印象,是完全一致的。

事实上,人们多少都会有过这样的经验,自己对于某人、某物、某事的看法和评价,主要是在与对方初次接触时所产生的一种感觉。这种跟着感觉走的第一印象,其实未必全面、客观、正确,但是其在人际交往中的客观存在与实际作用,却是服务行业必须承认并应充分重视的。

第一印象的非理性特征表现在:人们对于某人、某物、某事所产生的第一印象一旦形成以后,通常都是难以逆转的。换言之,就是第一印象形成之后,会使人们产生某种心理定式。人们对于某人、某物、某事的第一印象如果比较好的话,对于此后与之交往、接触中所感知到的某些负面的因素,会不甚介意,有时甚至还会完全将其忽略。即使后来对于对方的了解与认识同第一印象存在着一定的距离,人们通常也会自觉或不自觉地服从于自己的第一印象。

第一印象形成之后,想去改变通常不仅麻烦,而且搞不好还会适得其反,越想使之改观反而越是改变不了。所以服务行业的全体从业人员都必须注意,重要的是要努力留给外界自己良好的第一印象。相对来说,肯定比不佳的第一印象形成后再去采取补救性措施要容易得多。

要塑造良好的第一印象,可以从以下方面着手。

(1)态度。要想产生好印象,必须有正确的态度。把积极乐观的态度传递出去,就会立即得到同样积极的回应。一个容易令人接受的表情或恰当的话语都能表达这种态度。抛开外界的干扰,一心关注旅客的服务是一种能力,需要不断练习才能获得。第一印象是否完美,衡量标准是人们做出的回应。要对这些回应做出迅速的判断并消化吸收,这样才能确认是否应该让这个印象在旅客心中保持下去。

(2)姿势。态度和姿势之间是有联系的。在形容正确的姿势时经常使用优美和高雅这样的词汇。如果民航服务人员与旅客交流时面向别处,一般难以获得良好的印象。服务人员应该以一个优雅的姿态面向旅客,表明很愿意随时提供服务,走向旅客的方式也会影响他们的直接印象。

(3)口头表达。良好的第一印象可以通过视觉形成,也需要口头表达形成。民航服务人员开口说话,应该把声音调节到最佳状态。能给人留下不错的印象的说话方式至少要做到:控制、清楚、关心、愉快。民航从业人员谨慎地选择用词,同时注意音量和语气,这样可在人际交往中显得更为专业且容易给旅客留下更好的印象。

(4)非口头表达。亲切的目光、正确的态度、优雅的姿势、随机应变的能力和友好的形象会立即博得人们的赞许。这些都是感性层面的事情,难以从逻辑上解释清楚。手势、身体语言和面部表情都能迅速在人们的潜意识里留下印象。第一次见面打招呼不应仅通过语言,无言的表达也能给旅客留下好印象,把真诚、趣味以及活力也可以传达出去。这些都是令旅客感到轻松和受到欢迎的因素。民航从业人员完美的服务不是刻意地在脸上挤出笑容,而是发自内心的真诚和热情。

(5)个人形象。无论对普通服务人员还是对管理人员来说,注重个人形象都是职业素质的重要环节。服务人员工作时的穿着是其职业素质的第一标志,也是最明显的标志。实际上,不管是否身着制服,或者不管在不在工作岗位上,真正的专业人士总是穿着得体,表现出充分的自尊。穿着打扮得体和注意个人卫生不仅能够表现出正确的工作态度,而且可以使人们变得更加自信。讲究个人卫生对所有民航服务人员来说都是最起码的要求。

(6)胸卡。胸卡,是民航服务人员身份的标志,重要程度可想而知。在某些紧急情况下或出现了一些特殊的状况,需要通过胸卡上的姓名对相关民航服务人员的身份进行鉴别,每个人都佩戴着自己的胸卡是很必要的,这样会避免一些不必要的麻烦。

(7)微笑。微笑始终是民航服务人员身上最宝贵的财富。微笑不仅表现出真诚、热情和关心,其本身就是一种积极的态度。因此在面对旅客时,民航服务人员应该多微笑,能够让旅客确信自己做出了明智的选择,而且可以鼓励他们在不久的将来再次光顾。

2. 光环效应

光环效应,又称为晕轮效应,指一个人的某种品质,或一个物品的某种特性给人以非常好的印象。在这种印象的影响下,人们对这个人的其他品质,或这个物品的其他特性也会给予较好的评价。正因为如此,如果旅客对某家航空公司的机上服务特别满意,形成了良好的印象,那么,其他某些不足或令人不快的方面就容易被旅客忽视,不会产生不快。这就是民航服务知觉中的光环效应。航空公司要关注自身的每一个工作环节,特别是对旅客的利益与需求有重要影响的方面,努力保证其服务质量与服务效果。

3. 定型效应

定型效应,又称刻板效应,是指在过去经验的基础上,根据有限的信息,对某一群体得出一种共同的、固定的和笼统的结论与印象。刻板印象是经过两条途径形成的:其一是直接与某些人或某个群体接触,然后将这些人或群体的某些人格特点加以概括化和固定化;其二是依据间接的资料形成,即通过他人的介绍、大众传播媒介的描述而获得。在现实生活中,多数刻板效应是通过后一条途径形成的。

定型效应对人们的社会知觉会产生积极和消极两方面的影响。从积极的方面来看,定型效应本身包含了一定的合理的、真实的成分,或多或少地反映了知觉对象的若干实际状况,因此,定型效应有助于简化人们的认知过程,为人们迅速适应社会生活环境提供一定的便利;从消极的方面来看,由于定型效应一经形成便具有较高的稳定性,很难随现实的变化而发生变化,因此,可能会阻碍人们接受新事物。

在民航服务过程中,旅客与服务人员彼此之间的知觉,有时也会受到定型效应的影响。民航服务人员在工作中应该避免以偏概全,固守已有的偏见与传统;应该不受旅客身份、地位、着装、性别、口音等因素的影响,以客观、公正、热情的态度对待每一位旅客。

三、民航服务与旅客需要

人们对客观事物的认识和态度,总是以某种事物是否能满足人们的需要为中介的。探究民航服务与旅客需要,有助于民航服务人员有效地了解旅客的心理,把握好服务的尺度,从而提高服务质量和工作效率。

(一)需要的特性及理论

民航服务的本质,就是要满足旅客的需要,只有把握好旅客的所想所需,才能够有长足的进步,才能为航空公司赢得良好的声誉和客源,从而提高航空公司在市场中的竞争力。

需要是个体感到某种缺乏而力求获得满足的心理倾向,是个体自身和外部生活条件的要求在头脑中的反映。需要常以意向、愿望的形式表现出来,最终成为推动人进行活动的动机。需要总是指向某种东西、条件或活动的结果等,具有周期性,并随着满足需要的具体内容和方式的改变而不断变化和发展。缺乏状态是需要产生的原因,是由于出现缺乏状态的平衡,进而有对缺乏之物的获取。但是,需要不是平衡过程本身和获取本身,而是这个平衡的倾向和获取的倾向,需要是作为某种倾向出现的。

1.需要的特性

需要的特性主要包括以下方面。

(1)需要的对象性。需要总是指向某一个具体的事物。例如,人们对食物的需要,对感情的需要等,都是以实物形式或空间形式来实现的。

(2)需要的紧迫性。当人们产生某种需要的时候,都希望能够快速地满足这种需求,因而就会变得紧张。例如,经常乘坐飞机出差的商务旅客,由于长期睡眠不足或是工作任务繁重,一上飞机就会好好睡一觉来弥补自己的睡眠,这就是紧迫性的体现。

(3)需要的周期性。需要本身就是一个无限循环的过程。一些需要在得到满足后,在一定的时期内不会出现,但是随着时间的推移,可能会重新出现,表现出一定的周期性。

(4)需要的层次性。消费者的需要可以划分为高低不同的层次。随着社会的进步、生产力的发展,当低层次的需要得到满足以后,人们会转而追求高层次的需要。

(5)需要的发展性。人的需要是永远不会满足,是一个由低级到高级,由物质到精神,由简单到复杂的不断发展的过程。一方面是因为存在的需要永远不会被满足;另一方面是需要在得到满足后,又会激活新的需要。

(6)需要的多样性。旅客需要具有多样性。首先,旅客本身的差异造成旅客对消费对象的需要不同;其次,同一旅客对消费对象的需要是多元化的;最后,同一旅客对同一消费对象有多样性的要求。

2. 需要的层次理论

(1)需要的层次理论内容,主要包括以下方面。

第一,生理需求。对食物、水、空气和住房等需求都是生理需求,这类需求的级别最低,人们在转向较高层次的需求之前,总是尽力满足这类需求。所以,在机场、车站或飞机客舱的服务中,民航服务人员都应该提供足够的水或食物,首先满足旅客的生理需要。

第二,安全需求。安全需求包括对人身安全、生活稳定以等需求。和生理需求一样,在安全需求没有得到满足之前,人们唯一关心的就是这种需求。首先是生活、工作环境要安全;其次是生活的秩序要稳定,人们能够安居乐业;最后需要人际关系及社会和谐,人们能够和睦相处。

安全需求在民航服务中也体现得非常明显,例如,旅客乘机时会非常在意航班的飞行安全;在选择旅游目的地时,客人通常会选择社会声誉好、环境稳定安全的地方作为旅游目的地,这些实际上都是出于对安全需要的考虑。

第三,社交需求。社交需求包括对友谊、爱情以及亲情的需求。当生理需求和安全需求得到满足后,社交需求就会突显出来,进而产生激励作用。这些需要如果得不到满足,旅客就会感受不到服务的温暖。对于民航服务人员来说,则会影响到服务人员的精神,导致高缺勤率、低生产率、对工作不满及情绪低落。当社交需求成为主要的激励源时,工作被人们视为寻找和建立温馨和谐人际关系的机会,能够提供同事间社交往来机会的职业就会受到重视。

第四,尊重需求。尊重需求既包括对成就或自我价值的个人感觉,也包括他人对自我的认可与尊重。有尊重需求的人希望别人按照他们的实际形象来接受他们,并认为他们有能力,能胜任工作。他们关心的是成就、名声、地位和晋升提会,这些是由于别人认识到他们的才能而得到的。当有尊重需求的人赢得了人们的尊重,其内心因为对自己价值的满足就会充满自信。

第五,自我实现需求。自我实现需求的目标是自我实现,或是发挥潜能。达到自我实现境界的人,接受自己也接受他人。解决问题能力增强,自觉性提高,善于独立做事。自我实现者通常是实现了有爱、合作、求知、创造等的人,这是一种永恒的爱。

民航服务人员需要结合民航服务工作中航空旅客的不同需求,把握好旅客需求的特点,努力做好民航服务工作。

(2)需要的层次理论假设,主要包括以下方面。

第一,已经满足的需求,不再是激励因素。人们总是在力图满足某种需求,一旦这种需求得到满足,就会有另一种需求取而代之。

第二,大多数人的需要结构很复杂,无论何时都有许多需求影响行为。

第三,只有在较低层次的需求得到满足之后,较高层次的需求才会有足够的活力驱动行为。

第四,满足较高层次需求的途径多于满足较低层次需求的途径。

(二)民航旅客的一般服务需要

民航旅客的服务需要是人的一般需要在消费过程中的一种反映。民航服务人员的工作性质就决定了必须要了解旅客的各种需要。

1. 对餐食的需要

解决温饱问题是人们首先关注的问题，其次人们会关注餐食的质量好坏，民航旅客也不例外，他们对航空餐食的要求会更高。许多旅客对航班上所提供的餐食的种类、口味很在意，期望值较高，并且在意饮料的种类是否齐全，饭菜是否卫生，味道是否可口。特别是对于长途飞行的旅客来说，餐饮服务是旅途中的重要组成部分。

快速保障旅客餐食对于旅客和航空公司来说都很重要，民航食品系统生产单位需要对旅客进行信息跟踪，了解旅客的饮食偏好，把握旅客的出行信息，用高品质的餐食服务留住旅客的胃，留住旅客的心。

2. 对安全的需要

受传统观念的影响，在人们的印象中普遍认为汽车或火车比飞机安全，飞机危险系数比较高。因此，许多人在乘坐飞机（尤其是第一次乘坐飞机）时会有不同程度的紧张感和焦虑感，总是希望能够安全快速地到达目的地。所以，天气的变化或机械故障导致航班延迟等情况的发生，会造成旅客的情绪波动很大。

此外，由于飞机运输的特殊性，一旦发生问题，旅客的生命财产安全就会受到巨大的威胁，因此航空公司要不断加大安全意识和管理力度，不仅要提高飞行员、机场地勤人员的业务能力和素质，还要加强对空中乘务人员业务技能、安全知识的培训，使他们掌握更多的飞行知识，能够及时有效地解答旅客的问题，从而缓解旅客的紧张和焦虑，满足旅客的安全需要。

3. 对方便快捷的需要

现代航空运输有三大特点：快速、安全、舒适。为了节省时间，提高工作效率，提高生活质量，越来越多的人选择飞机作为出行的交通工具。飞机必须要保证准时、高效和快捷，否则其优势将会降低。许多航空公司和机场为了提高服务质量水平，树立良好的品牌形象，从订购机票、到达机场、办理登机手续、候机、登机等诸多管理和服务环节进行改革和创新，力求满足旅客的出行需要。

4. 对舒适温馨的需要

旅客出门在外，除了需要安全快速等基本需求外，还希望能享受到温馨舒适的服务。特别是民航旅客,他们对航空服务普遍寄予了较高的期望,希望得到更加人性化的关怀和服务。

5. 旅客对情感的需要

服务就是满足别人期望和需求的行动、过程及结果。和有形产品相比,服务最大的特点是其无形的特征。旅客乘坐飞机除了实现位移的功能之外,并没有获得有形的产品,而是留下了一种记忆和体验,而这种情感体验将成为他们再次选择购买的关键因素。因此可以认为服务是一门情感艺术。

首先,要寻找到旅客情感需要的关键点。一般而言,民航旅客在航空业服务中认为重要而又满意度不高,需要重点改进的环节依次是:行李提取效率、航班餐食、座位舒适度、票价昂贵、不正常航班的处理、候机环境。

其次,多从旅客情感出发。例如,在不正常航班处理过程中,精准锁定由于航空公司原因所导致的航班延误的旅客,在其下次乘机时在地面服务、空中服务和里程奖励方面给予补偿性服务,增加其对航空公司的服务体验。针对行李提取环节,也可以尝试转移注意力。可以在行李等待环节中加入一些休闲娱乐健身的因素,这样可以缓解旅客等待的焦躁情绪,甚至可能成为旅客争相享受、流连忘返的体验点。

最后,要持续创新,提供增值服务,营造新的服务惊喜点。高端服务永无止境,没有做不到的,只有想不到的。民航不仅要满足旅客现有需求,还要不断创新,变被动为主动,找到旅客未被满足的需求点。这种意外惊喜往往能使旅客对服务有更深刻的印象,同时也具有区别于竞争对手的独创性,进而打造差异化高端品牌形象。

6. 旅客对尊重的需要

随着社会的发展,社会文明程度不断提高,人们的自主意识不断加强,民航旅客对尊重的需要表现得越来越强烈。作为消费者,在消费过程中希望能够获得服务人员的理解和尊重、关心和帮助,最直接的表现方式就是民航服务人员为其提供周到、细致的服务和人性关怀。服务无小事,到处都能体现出旅客受尊重的需要。例如,当航班延误时,旅客想得到的是心理上的安慰,想得到航空公司一个圆满的解释和妥善合理的安排。如果航空公司没有派专人来为旅客处理和解决善后事宜,旅客就会认为没有受到一定的尊重,从而引发一些不必要的问题。

7. 旅客对自我实现的需要

所谓自我实现的需要,就是一种使人的潜能得以充分发挥的倾向。因为人的各种需要的不断满足和人的不断成长导致了自我实现的产生。旅客希望在民航服务中得到自我实现的机会和体验。对于某些旅客来说,能够乘飞机或经常乘飞机,是一种地位和身份的体现及象征,也是在某种程度上表明事业成功的一种标志。因此,民航服务人员要尽量为旅客提供温情、多功能的服务,满足旅客这方面的需要。

(三)民航旅客的特殊服务需要

民航旅客的特殊服务需要一般表现在特殊旅客身上,特殊旅客是指在年龄、身体、身份地位等方面的情况比较特殊,有别于其他旅客的旅客。正是因为身份特殊,进而也会提出较为特殊的服务需要。根据民航服务中的实际情况,对特殊旅客的归纳与分类如下。

1. 老、弱、病、残旅客及儿童旅客的特殊服务需要

人到老年,体力和精力都开始逐渐衰退,生理的变化必然带来心理的变化。老年人在感觉方面比较迟钝,对周围的事物反应比较慢,动作缓慢,应变能力差。老年人由于年龄上的差异与年轻人的思想存在差异。因此,民航服务人员在为老年旅客服务时要更加细致,与老年旅客讲话时语速要慢、声音要稍大,甚至要不断重复讲话内容。另外还要主动问候和关心,询问他们需要哪些帮助,了解他们的内心需要,尽量提供方便以消除他们的孤独感。

体质弱的旅客由于身体的原因自感不如正常人,但是又通常具有很强尊心,不愿意要求别人帮助自己。作为民航服务人员就需要多关心、关注他们,同时又不能使他们感到有心理压力。

病、残的旅客是指有生理问题的旅客及在民航服务过程中突发疾病的旅客。这些人有生理上的特殊困难,迫切需要得到别人的帮助,同时他们又有很强的自尊

心,通常不会主动要求服务人员帮忙,总是想表示自己与正常人没有多大的区别,不愿意被认为是病人或残疾人。面对病、残的旅客,民航服务人员要特别尊重他们,最好以默默帮助他们的方式来让旅客感受到温暖。

儿童旅客的基本特点是:性格开朗活泼,天真幼稚,好奇心强,善于模仿,判断能力较差,做事可能会情绪化。针对儿童的这些特点,民航服务人员在为他们服务时,就要有耐心、爱心、细心和责任心,提供儿童比较感兴趣的食物或玩具来吸引他们的注意力,尤其要防止一些不安全事件的发生。例如,要密切注意活泼好动的小旅客不要乱摸乱碰飞机上的设施;航班起飞或者是降落时要防止小旅客四处跑动,避免造成人身伤害等。多数航空公司推出了航空快递儿童的服务,对于这些无人陪伴儿童,航空公司需要根据旅客运输协议,安排专人来负责照看,以防意外。

对于无陪儿童旅客,在服务过程中服务人员需要付出更多的关注、耐心和细心。无陪儿童主要是指单独乘机的儿童。无陪儿童旅客年龄小,单独乘机时,没有家长的监控和约束,他们更容易凸显活泼好动,对新鲜事物产生兴趣和好奇心的特点。

无陪儿童旅客需要的满足包括:一是无陪儿童需要全程交接,在地面有家长交接给地服人员,再由地服人员交接给空乘人员,全程有人陪护;二是在飞机起飞、下降和颠簸时,注意无陪儿童旅客是否系好安全带,并帮忙系好安全带,随时关注其动态;三是主动为其提供小食品和饮料,要注意饮料不能太烫、过满;四是可以通过聊天方式,了解小旅客的生活习惯、身体情况和兴趣爱好,以便更好地为其服务。

2. 初次乘机旅客的特殊服务需要

对于初次乘机的旅客来说,他们的心理特点主要是好奇和紧张。初次乘机者对飞机上或机场内的设施设备和环境都十分感兴趣,并带着一种好奇心去探索这一切。为满足初次乘机旅客的新奇感,减少乘机时的紧张感,民航服务人员要主动为他们介绍航班情况、机场概况以及服务内容。

首先,初次乘机的旅客普遍缺少乘机知识,空中乘务员要主动、耐心地介绍飞机情况,态度要谦和,避免旅客出现不必要的尴尬;其次,对于第一次乘坐飞机的旅客来说,通常内心比较紧张和忧虑,对飞机这种快速便捷的交通工具的安全性能不是特别放心,民航服务人员要针对这种心理,在旅客登机前或飞行中与他们进行亲切的交谈,以分散他们的注意力,从而缓解其紧张的心情,让旅客感到乘坐飞机是安全舒适的。

3. 重要旅客的特殊服务需要

一般而言,重要旅客有着一定的身份和地位,这种类型的旅客具有比较典型的心理特点:自尊心和自我意识强烈,他们希望得到尊重和服从,更注重环境的舒适和享受服务时的内心感受;此外,由于经常乘坐飞机,还会有意无意地对飞机上的服务做对比。

民航服务人员在为重要旅客服务时,要注意态度热情谦和、言语亲切得体、体态优美自然,针对他们的心理需求采取相应的服务方式。例如,机场要客服务部门接到有重要旅客的通知后,应事先准备好贵宾休息室,并备妥供应物品;在机场值机柜台时,应优先为重要旅客办理乘机、行李交运、联运等手续;配餐部门应根据重要旅客特殊服务的要求,配备餐食和供应品,要保证食品新鲜、美味、可口;乘务员要热情引导重要旅客入座并为其保管好衣帽等物品,加强客舱巡视,根据每位重要旅客的情况,主动周到地做好机上服务工作,以便及时满足重要旅客的服务要求。

4. 国际旅客的特殊服务需要

对于民航服务人员来说,与旅客的交流与沟通是民航服务的主要内容之一。尤其是面对来自不同国家或地区的旅客,其语言、文化、习俗等差别很大,这就需要民航服务人员具备不同文化之间沟通交流的能力。尤其随着航空运输业市场不断的开放,竞争也会越来越激烈,而服务质量的优劣将直接影响顾客的满意程度,影响到顾客再次消费的去留。

提升空中乘务员沟通交流基本能力对民航服务而言非常重要。空中乘务是一个需要和不同人群广泛接触的服务工作,是各航空公司及整个民航运输的窗口。随着民航事业的不断发展,越来越多的国际旅客到来,这使得各航空公司对乘务人员的英语水平,特别是对乘务人员的英语听说能力要求日益提高。地道的发音、清楚的表达,以及如何对乘客的要求做出语言上适当的回应,是空乘人员英语语能力方面的重点。空中乘务这一服务职业的特点,要求从事这一职业人员具有与不同人群良好交流的能力,英语成为空乘人员必须熟练掌握的工作语言之一。因此,要想提高与国际乘客的沟通交流效果,准确把握国际乘客服务需求,空中乘务员心要提高英语听力和口语能力。

耐心是乘务员在工作中化解问题盾的一种重要的体现。优质服务是服务人员、服务对象和服务内容三元素所共同营造的和谐统一的境界。在服务的三元素中,最难把握的就是服务对象,即旅客的情绪和举动。国际旅客可能由于语言不通、文化差异造成沟通效率下降等问题,导致其容易产生焦躁情绪。要使国际旅客在旅程中愉快、自然地配合乘务员的工作,需要乘务员多关注和满足旅客的合理需求,及时化解出现的问题,努力营造一种积极解决问题的氛围感染旅客。尤其是在航班飞行不正常、旅客情绪激动的情况下,更需要乘务员以极大的耐心来安慰或感动旅客。

5. 航班延误与取消情况下旅客的特殊服务需要

旅客乘坐飞机的最大愿望就是飞机能够准时起飞、安全到达。在航班正常的情况下,旅客的心情是比较平静的,但是一听说航班延误或取消,可能就会失去平静,造成情绪波动。这个时候,机场和航空公司服务人员就要主动去了解旅客的心理需求变化,了解旅客应享有的权利,并及时将航班信息向旅客公布,做好解释、安抚工作。

在航班延误或取消的情况下,民航旅客享有的权利通常有以下三种。

(1)知情权。知情权是指发生航班延误后,乘客有权在第一时间获取详细信息,并及时了解后续进展,以便做合理选择。航空公司应建立客户服务负责人同乘客直接对话的机制,这样可以以最低的成本达到最好的效果。

(2)选择权。选择权是指乘客既可选择换乘同一航空公司的其他航班,也可选择换乘其他航空公司的航班,还可选择退票。因天气原因导致航班延误的,航空公司可以全额退票,乘客需持机场出具的航班延误证明到订票点进行退票。

(3)索赔权。索赔权是指乘客可以要求航空公司对自己的损失进行赔偿,包括住宿、饮食、交通等。补偿方式可以通过现金、购票折扣和返还里程等方式予以兑现。

为了满足旅客的需求,航空公司的产品和服务必须满足不同旅客对航空运输的差异化需求。因此,探讨航空公司的目标市场的旅客构成、旅行目的以及不同旅客需求的特性,是航空公司产品、服务及其服务提供过程的基础,也是航空公司服务质量管理的出发点。

旅客构成及其需求有很大差异性。从旅客的旅行目的来看,旅客构成主要包括商务或公务出差旅客、休闲度假旅客、探亲访友旅客、其他(如学习、就医等);从购票的资金来源看,主要分为自费旅客和公费旅客。商务旅客和休闲旅客对于服务的期望存在一定差异。商务旅客一般对时间更为敏感,但对价格不太敏感,他们通常到达机场的时间较晚,而对办理登机和联检等手续的快速方便性要求更高,对休息室的环境、航班的准时起飞和优质的行李服务等也有更高的要求。

短途和长途旅客对机场地面服务的需求也有一定的差异。由于短途旅客在航班两端机场内花费的时间占整个旅行的比例较高,甚至有可能要超过飞行时间,因此短途旅客对机场地面服务和条件的要求较高;相反,长途旅客对机上服务要求更高。

旅客选择承运人和航班时考虑的主要因素是航班时刻、票价、服务质量、安全记录、机型、航空公司的形象、航班是否正常到达等因素。航空公司的优势主要来自为顾客提供更加便捷、舒适、可靠和高附加值的产品,通过发自内心的服务建立与顾客之间更加亲密的关系,通过增加旅客忠诚度来留住顾客。

在满足顾客需求方面,不同类型的航空公司正在形成自身的服务质量定位和差异化竞争,如低成本航空公司定位于满足顾客的基本需求,即点对点式的直达服务、较低的价格、简便的网上购票等,而传统航空公司则致力于通过提供增值服务来满足顾客对舒适性、个性化的质量需求,通过为顾客提供周到、细致、发自内心的服务提高顾客的忠诚度。

满足旅客的多种需要是民航服务工作的核心,是关系到服务质量能否保证的一个重要因素。满足一般旅客和特殊旅客的多种需要是民航服务工作的重点。

四、民航服务与个性培养

个性是一种心理特征,使个人在心理活动过程中表现出各自独特的风格,具有稳定的、独特的整体特性。个性主要包括气质、性格和能力。

（一）民航服务人员气质培养

1. 气质类型

气质，指的是人生来便已具有的某种稳定的心理活动的动力特征。气质是人在情绪反应、活动水平、注意力和情绪控制方面所表现出来的稳定的质与量方面的个体差异。气质具有先天性特征。气质不能决定一个人的成就，任何气质的人经过自己的努力都有可能在不同实践领域中获得成就，也有可能成为平庸无为的人。气质不能决定人的社会价值，也不直接具有社会道德评价含义。

从医学角度探讨人们的气质特征，可以设想人体内有四种体液，由每个人所占优势的体液为主导，构成四种气质类型主要有以下方面。

（1）胆汁质。胆汁质人的感知觉的感受性低而对刺激的耐受性高，不随意反应，敏捷性高，适应行为的可塑性强，做事雷厉风行，情绪的兴奋性迅速、强烈，有较大的活动外向性，外部表现明显。这种气质的人在日常生活中具体表现为精力旺盛，活动迅速，不易疲劳；情感发生迅速、强烈、明显，心境变化剧烈，热情坦率，语言明朗，埋头工作，待人真挚，具有外向性；但易于冲动，自制力相对较差。

（2）多血质。多血质人的感知觉的感受性低而对刺激的耐受性高，不随意反应，敏捷性高，反应迅速且灵活，适应行为的可塑性强，情绪兴奋性强，有较大的活动外向性，外部表现明显。这种气质的人在日常生活中具体表现为动作迅速敏捷，说话语速快，热情活泼，表情丰富，精神振奋；待人热情亲切，善于交际，易于适应不断变化的新环境，具有外向性；机智敏感，能迅速把握新事物；但注意力、情感、兴趣容易转移和变换，可能不愿做耐心、细致的工作。一旦事业失去新意性或遭到挫折，就感到悲观、消极。

（3）黏液质。黏液质人的感知觉的感受性低而对刺激的耐受性高，不随意反应，敏捷性较低，反应速度迟缓，适应行为的可塑性差，情绪兴奋性较低，有较大的内向性，外部表现很少。这种气质的人在日常生活中具体表现为行动稳定迟缓，相对安静、稳重，善于克制，忍让；情绪微弱，持重，不易激动和外露；交际适度，不尚空谈,善于保持心理平衡,具有内向性;注意力、情感、兴趣稳定难于转移;对新事物不敏感,缺乏热情,显得因循保守,过分刻板,具有惰性。

(4)抑郁质。抑郁质人的感知觉的感受性高,而对刺激物耐受性低,不随意反应,敏捷性低,反应速度慢且不灵活,适应行为的可塑性差,情绪兴奋性高而体验深,表现为明显的内向性,外部表现不明显。这种气质的人在日常生活中具体表现为言语、行为迟缓,不强烈、不活泼,易疲劳且不易恢复;情绪脆弱,体验深刻,稳重且不外露,不能接受强烈刺激;对人与事观察比较细腻,思维敏锐,想象力丰富,处世谨小慎微、稳重,能与人友好相处;易多虑、易挫折,缺乏自信心,不果断,常有孤独、胆怯的表现。

在人群中,典型的气质类型者较少,更多的人是综合型。多血质和胆汁质的气质类型易形成外向性格;黏液质和抑郁质的气质类型的人一般较文静和内向。各种气质类型的人都可以对社会做出贡献。

2. 气质差异

性格有好坏之分,但气质类型并无好坏之分。任何气质类型都有积极和消极两个方面,任何气质类型的人都有长处和短处。胆汁质的人,积极、充满活力和生机勃勃,也有一些浮躁、任性和感情用事;多血质的人,灵活、亲切又不乏机敏,有些轻浮和情绪多变;黏液质的人,沉着、冷静、坚毅,但冷淡和缺欠活力;抑郁质的人,长处是情感深刻稳定,短处是孤僻、羞怯。认识到气质类型并无好坏之分,任何气质类型的人都有长处和短处,所以不要因为对气质类型不满意而不求进取;不要因为对员工的气质类型不满意而压抑其劳动工作的积极性。要认真分析自我及员工气质类型中的积极、消极之处,发扬光大积极的一面,控制、克服消极的一面,自觉培养和锻炼,逐渐改进自我及员工。

气质虽不在人们的实践活动中起决定作用,但可以影响人们活动的效率。部分工作、气质类型的人干起来效率更高;另外一些工作、气质类型的人干起来更有效率。例如,像自动化系统操作、营销这类要求做出灵活反应的工作,多血质、胆汁质的人比较合适,因为这两种气质类型的人有灵活、机敏或积极、生气勃勃的特点;而像微电子技术、钟表修理这类要求持久、细致的工作,黏液质、抑郁质的人更适宜,因为他们的气质类型中有沉着、冷静、坚毅或稳定、深刻的一面。

正因为气质会影响人们活动的效率,民航管理者在安排工作时,一定要考虑员工的气质特点及员工的气质差异,尽量把他们安排到最有利于发挥其个体气质特长的工作岗位上,为他们更有效地工作创造条件和机会,也为更有效地实现整个管气质对人的实践活动有重要影响。气质具有遗传性。人们虽然不能完全依靠气质来选择职业,但在工作中要注意调整自己的气质特点,扬长避短做好服务工作。

3. 气质培养

(1)感受性适度。感受性是指个体对外界刺激达到一定强度时才会引起的反应。在民航工作中,民航服务人员会面对各种不同层次、不同背景的旅客,服务过程也会随时会发生各种不同的情况。如果服务人员的感受性过高,势必会导致精力分散,注意力不集中,影响正常工作;但感受性太低,会怠慢旅客,引起旅客的不满。因此,为了保证民航服务人员能在热情饱满的最佳状态下进行服务工作,应培养他们适度的心理感受性。

(2)较强的忍耐性。忍耐性是指个体在遇到各种刺激和压力时的心理承受能力。在民航工作中,民航服务人员会遇到不同类型的旅客,以及处理各种紧急、特殊的情况。例如,遇到百般挑剔的旅客;航班延误时,要面对旅客带有情绪的语言,如何以良好的心理素质来面对和处理,这对每一位民航服务人员来说都是严格的考验,也是体现民航服务人员素质高低的关键。

(二)民航服务人员性格培养

性格是人心理个别差异的重要方面,人与人之间的差异先表现在性格上。如果一个人对现实的某种态度,在类似的情境下不断地出现,逐渐地得到巩固,并且使相应的行为方式习惯化,那么这种较稳固的对现实的态度和习惯化了的行动方式所表现出的心理特征就是性格。例如,一个人在待人处事中总是表现出高度的原则性、热情豪爽、坚毅果断、深谋远虑、见义勇为,那么这些特征就组成了这个人的性格。构成一个人的性格的态度和行动方式,总是比较稳固的,在类似的甚至不同的情境中都会表现出来。

1. 性格特征

(1)急躁好胜型性格,表现为:快节奏、竞争性强、易激怒、反应敏捷,这类性格的人容易得冠心病、中风、高血压、甲亢。

(2)知足常乐型性格,表现为:节奏慢、安静、顺从、知足、缺少抱负、不喜竞争、中庸、缺乏主见、多疑,这类性格的人容易得失眠症、抑郁症、强迫症。

(3)忍气吞声型性格,表现为:过度克制、压抑情绪、生闷气、这类性格的人容易得肿瘤病,内分泌紊乱。

(4)孤僻型性格,表现为:冷漠、消极、悲观、独处、没有安全感,这类性格的人容易得心脏病、精神疾病。

由此可以看出,性格与人的身心健康有密切的关系。如果一个人的性格是健康的,那么他的人生也会是快乐的、幸福的;如果一个人的性格是病态的,那么他的人生也会是痛苦的、忧伤的。因此,如果一个人想改变命运、创造辉煌,就必须改变自己的不良性格。

2. 性格培养

性格对民航服务人员来讲十分重要,想要不断地塑造自身的良好的性格,可以从以下方面进行。

(1)不断地提高自己的认知水平。各种良好的心理品质的形成都是以认识为基础的,无论是积极心理品质的塑造,还是消极心理品质的矫正,都必须以提高认识、判断和评价水平为突破口,正确识别与评价现实生活中的真善美现象,形成正确的是非观、美丑观和荣辱观,做到既能正确认识和评价社会生活中的人、事、物,也能客观地认识与评价自己。在实践中,需要不断学会如何自觉地去塑造自己良好性格的方法与途径。只有真正提高了自我的性格认知水平,才有可能产生塑造良好性格的内动力,才会取得效果。

(2)寻求崇拜的榜样,发挥榜样的影响和效仿作用。榜样在人的个性发展中起着一种引路人的作用,人的性格正是从模仿走向自觉与成熟的。因此,可以找准崇拜的榜样,并且在模仿榜样的过程中使自己的性格得到完善。

(3)创设融洽的集体环境,形成健康的集体氛围。一个好的集体,对提高和完善人自身性格的自觉性和积极性都是很有帮助的。坚强而富有生气的集体能够产生一种强大的精神力量,培育出人的健全性格。这种力量是任何有经验、有能力的个人所无法具备的。良好的环境会使人尽情地表达自己的思维成果和感情,获得切身体验,完善自我的良好性格。

(4)培养健康的生活情趣,保持积极、乐观的心境。一个人偶尔心情不好,不致影响性格;若长期心情不好,对性格就会有影响。因此,要时刻提示自我乐观地生活,培养幽默感,增加愉快的生活体验,保持愉快的记忆。

(5)兴趣广泛,乐于交际,与人和谐相处。兴趣广、爱交际的人,会学到许多知识,训练出多种才能,有益于性格的形成和发展。但是,与品德不良的人交往也可能会沾染不良的习气。因此,要正确识别、评价周围的人和事。待人、处事,要持公正态度。与人相处,时刻要互敬、互爱、互谅、互让,尊重别人,诚心地称赞别人,善意地批评别人,热情地帮助别人,努力搞好人与人之间的关系。

此外,性格是由习惯养成的,要塑造成优秀、独特的服务性格,还必须须养成主动及时沟通的习惯以及承认错误的习惯。

(三)民航服务人员能力培养

能力是指个体顺利完成某一活动时所应具备的各种心理特征。能力总是和一定的具体活动联系在一起的。顺利完成某种活动,不是单一的某种能力所能胜任的,必须依靠多种能力的结合。各种能力的有机结合,称为才能。才能常以某种具体活动的名称命名,如音乐才能、管理才能、教学才能等。才能的高度发展,能创造性地完成别人无法完成的任务,则称为天才。天才不是天生的,是人凭借先天获得的生理条件,在社会环境和后天教育的影响下,加上主观努力而逐渐发展起来的。在现实活动中表现出来的能力,叫事实能力。经过学习训练才表现出来的能力,或在特定环境下被激发出来的能力,称为潜能。

1. 能力类型

(1)按照能力倾向性,可以划分为一般能力和特殊能力。一般能力就是人们常说的智力,是人的认识活动中具有多维结构的综合性能力。个人认识过程中的各种能力,包括感知能力、记忆能力思维能力想象能力、言语能力等都属于智力的范围。其中抽象概括能力是智力的核心,创造能力是智力的高级表现。

特殊能力是指在某些专业和特殊职业活动中表现出来的一般能力(智力)的某些特殊方面的独特发展。例如,数学能力、文学能力、艺术表演能力、管理能力、技术操作能力等都属于特殊能力。

一般能力和特殊能力相互联系构成了辩证统一的有机整体。一方面,特殊能力的发展以一般能力的发展为前提,某种一般能力在某种活动领域得到特别的发展,就可能成为特殊能力的组成部分;另一方面,在特殊能力得到发展的同时,也发展了一般能力。

(2)按照能力的创造性大小,可以划分为再造能力和创造能力。再造能力又叫模仿能力,是指能使人迅速地掌握知识、适应环境,善于按照原有的模式进行活动的能力。这种能力符合学习活动的要求。

创造能力是指具有流畅、独特、变通、创新及超越平常的思考与活动的能力,这种能力符合创造活动的要求。再造能力和创造能力这两种能力有着密切的关系。再造能力是创造能力的前提和基础,人们经常是先模仿,然后再进行创造的。

(3)按照能力的功能,可以划分为认知能力、操作能力和社交能力。认知能力是指人脑加工、存储和提取信息的能力,即一般所讲的智力,如观察力、记忆力、想象力等。人们认识客观世界,获得各种各样的知识,主要依赖于人的认知能力。

操作能力是指人们操作自己的肢体以完成各项活动的能力,如劳动能力、艺术表演能力、体育运动能力、实验操作能力等。操作能力是在操作技能的基础上发展起来的,又成为顺利掌握操作技能的重要条件。操作能力与认知能力不能分开。不通过认知能力积累一定的知识和经验,就不会有操作能力的形成和发展;反过来,操作能力不发展,人的认知能力也不可能得到很好的发展。

社交能力是在人们的社会交往活动中表现出来的能力,如组织管理能力、言语感染力、判断决策能力、调解纠纷能力、处理意外事故的能力等。这种能力对组织团体、促进人际交往和信息沟通有重要作用。

(4)按照能力受先天、后天因素的影响,可以划分为晶体能力和液体能力。晶体能力是指通过社会文化经验而发展起来的能力,取决于后天的学习,在人的一生中不断地发展,一般到25岁以后逐渐保持平缓发展;液体能力是指学习和解决问题的能力,主要取决于人的先天禀赋,很少受社会环境的影响,一般在20岁达到顶峰,30岁以后随着年龄的增长而削弱。

2. 能力差异

能力的差异在心理学中有两层含义:一是指个人之间的差异;二是指群体之间,如不同年龄、不同性别、不同社会文化、不同职业之间的差异。

(1)智力的个别差异。人的智力方面的个别差异是十分显著的。心理学把人的智力分为:智力中等者,智力极优秀者,心智不足者等。此外,人的智力差异还表现在知觉、表象、记忆、想象、思维的类型和品质方面。

(2)特殊能力的个别差异。人的特殊能力的差异是十分明显的。例如,有人擅长音乐,有人擅长体育,有人擅长于技术操作,有人则表现出社交、组织管理等方面的社会活动才能。

(3)能力表现的年龄差异。人的能力的充分发挥有早有晚,有些人年轻时就显露出卓越的才能,有些人则大器晚成,指智力的充分发展在较晚的年龄才表现出来。这些人在年轻时并未显示出众的能力,但到中年才崭露头角,表现出惊人的才智。

(4)能力的性别差异。女性一般在语言方面,男性一般在抽象思维方面,各有优势。空间知觉能力一般男性优于女性;注意力一般男性更多集中于物,女性则更多集中于探究人生,注意内心世界;理解记忆、抽象记忆一般男性优于女性,而女性更擅长机械记忆形象记忆;女性的直觉与形象性思维一般优于男性,思维分析性、新奇性和独立性一般男性则优于女性;在操作能力方面,动手能力、操作速度与正确性一般男性占优势,但细节快速反应和知觉能力则是一般女性占优势。

3. 能力培养

(1)培养良好观察能力。观察是指一种有目的、有计划的知觉,是人们对现实事物感性认知的一种主观形式,是与思维、语言、注意力等心理活动紧密结合的、复杂的智力活动。民航服务人员观察能力,主要是指民航服务人员通过观察旅客外部表现去了解旅客心理的一种能力。具有敏锐而深刻的观察能力,是一个优秀的服务人员所不可缺少的重要心理品质。

民航服务人员观察能力的培养可以从以下方面入手。

第一,明确观察的目的、任务。观察的目的、任务越具体,收效就越大。例如,乘务员明确巡视客舱的目的与意义以后观察就会更加仔细,就可以从旅客的服装、言行等,区分出他们不同的国籍、职业、个性,并根据这些不同的特点进行针对性的服务。

第二,在观察中要细心。因旅客的心理现象十分复杂,有的喜怒溢于表面,有的则形不现于色,他们的言谈举止、兴趣、爱好、气质等各有差异,这就需要服务人员善于从旅客的一个眼神、一个细微的动作或只言片语中去揣测他们的心理变化。

第三,善于整理、总结经验。具有良好观察能力的民航服务人员要不断地总结工作中成功与失败的经验教训,找出旅客之间的共同点与不同点,以便为旅客提供有针对性的服务,提高服务质量。

(2)培养良好注意力。注意力指心理活动对一定对象的指向和集中。注意力的指向指人们的心理活动有选择地指向一定的对象,而同时离开其余的对象。注意力的集中指人们的心理活动不仅指向某种事物,而且坚持在这一对象上使注意活动不断深入。民航服务人员的注意力,可以从以下方面培养。

第一,明确服务工作的意义,提高工作兴趣。对服务工作的意义理解得越透彻,完成任务的愿望就越强烈,就越能将注意力稳定集中在某项事物上。提高对工作的兴趣,就能鼓舞民航服务人员努力去完成任务,也能提高注意力的稳定性。

第二,注意排除各种干扰,培养抗干扰能力。干扰可能来自外界,也可能来自个体自身,但不论怎样都需要民航服务人员在服务过程中,保持自己注意力的稳定性,这样才能避免工作中的差错。

第三,合理、灵活地分配注意力。民航服务人员需要提高注意的范围,根据需要合理并灵活地分配自我的注意力,并及时将注意力转移到新的对象上。

(3)提高表达能力。在民航服务过程中,服务人员的表达能力几乎是无时无刻不在表现着,表达能力的强弱直接关系到服务的成功与否,关系到民航服务质量的好坏。

民航服务人员要掌握非语言工具,如手势、目光、表情等的使用。民航服务人员要具备良好的语言表达能力必须做到:在与旅客的交谈中,要使用正确的语言,使用正确的动词,发音要准确,用词也要恰到好处,避免语言混杂不清。作为民航服务人员,要时刻注意自己的用词,尽量少用专业词汇。要简明扼要地表达意思和思想,说话时要注意时间性,不要在他人交谈时打断其谈话。谈话时间适当,不宜过长,以免不必要的麻烦;也不能过短,以免使旅客感到民航服务人员没耐心。

(4)培养倾听能力。人在内心深处都有一种渴望得到别人尊重的愿望。倾听是一项技巧,是一种修养,甚至是一门艺术。倾听也是沟通技巧中最容易被忽视的部分。民航服务人员应该掌握的倾听技巧,主要包括以下方面。

①掌握“听”的语言技巧。民航从业人员可以适当要求旅客做进一步说明。例如,“请您讲下去”“还有其他要求吗”等。这样的语言会使旅客感到民航服务人员亲切,关心自己;旅客心情就会十分愉快,会增加对民航服务人员的好感。

提问是鼓励对方把话继续讲下去的方法之一,从而了解对方更多信息与需要。民航服务人员在倾听时可以简述自己的一些意见或经验,或简要介绍与旅客类似的观点,可以使用不同的肯定式答语。例如,“是”“对”“好”“明白了”等,用于赞成旅客的观点,表示对方的肯定,这样能使旅客感受自己被肯定,使民航服务人员与旅客双方有共同语言,从而起到更好地沟通效果。

在他人说话时从中打断是很不尊重别人的一种表现,也是很不礼貌的一种行为。若旅客在讲话时讲述到一些与民航服务人员观点或意见不同的内容,也要让旅客把话讲完,再讲述自己的观点,使对方感到民航服务人员很尊重他。

民航服务人员应复述旅客讲到的关键语、词、句,以表示自己记住了,同时复述可避免交流上可能出现的理解差异,但复述时要注意简明扼要。民航服务人员用自己的语言来解释对方的意思,表明自己对“听”后的理解,这种解释的目的是完全理解旅客的意思。

②“听”的非语言技巧。民航服务人员可以有目光注视。眼神最能真实地反映一个人的态度。民航旅客会从与他交流的服务人员的眼神中看出服务人员是否

对他的话感兴趣。一般来讲,目光专注,说明是在认真听;目光游离,则表示没有认真听。航空服务人员应在倾听旅客说话时保持目光的专注,让旅客体验到尊重和被重视的感觉。

民航服务人员可以适当利用面部表情。比如在倾听时表现出微笑、扬眉、点头等动作;可以用声音鼓励,表明服务人员在积极倾听;可以运用适宜的身体姿态。在倾听旅客说话时,表现出开放式的姿态,表示乐意和有兴趣倾听对方说话,身体语言表示为:微微前倾,姿势应轻松灵活。不能摆出悠然自得、没精打采的样子,也不必过于紧张;否则容易使旅客认为民航服务人员对他漠不关心,或感到民航服务人员紧张或不舒服。

民航服务人员可以适当靠近对方。拉近身体间的距离可更清楚地听到旅客讲话,尤其在候机室,人员嘈杂,适当地靠近旅客可减少各种外界干扰,并表明民航服务人员对旅客意见或观点的关注和赞许。

第二节　民航安全文化的建设

一、民航安全文化发展历程

(一)民航安全文化源起

民航安全文化是安全文化的亚文化,属安全文化系统的一个子系统。但民航安全文化有自身的质的规定性,而其质的规定性又是通过民航这一特殊载体表现出来的。脱离民航这一特殊载体,民航安全文化就无从谈起,民航安全文化也是与民航共生的。民航安全文化是与民航的建设发展相伴而生、相伴而行的。

民航自成立开始,就初步树立了法治理念,建立了安全第一思想,培育了顽强拼搏的安全精神,这些都标志着民航安全精神文化的萌芽。法治观念的具体体现是安全法规的建立,顽强拼搏的安全精神体现于在物质条件不充足的情况下不畏困难险阻保障安全。尤其是安全第一思想的建立,集中体现了民航安全精神文化的萌发。从安全第一思想的提出到安全第一方针的确立,充分体现了民航安全精神文化的萌发历程。

基于对民航安全的认识，民航在安全工作上的行动是积极的，从安全的组织领导、整章建制、基础建设、人员培训等各个方面入手，积极推进安全工作。民航安全行为文化由此从组织行为与个人行为两个维度得以萌发。

1.民航安全文化发生机制

从民航安全文化的起源看，民航安全文化有着自身的发生机制，主要是孕育于实践经验、发展于安全传统、发端于领导意志、萌芽于重大事件。这也是民航安全文化萌发的基本规律。安全文化是民航从业人员在安全生产实践中创造的，安全生产实践经验孕育着安全文化。

受传统文化的影响，民航安全生产的人治成分较重，靠领导意志推动安全工作。领导意志转化成为民航的组织行为集体行为，从而发展成为安全文化的有机组成部分。领导意志对民航安全文化的影响更大、更广泛，安全理念一经民航领导提出，就得到广泛的宣贯与坚守，发展成为民航精神文化的重要内容。

民航很多安全文化因素，往往萌芽和繁衍于重大事件，尤其是飞行事故。每次发生飞行事故后，就会催生一些新的安全理念、安全措施。例如，民航安全生产方针以及民航安全是重大的政治任务等理念，在民航安全文化中逐步沉淀下来，成为民航安全文化中的积极因子。

2.民航安全文化建设规律

在民航安全文化建设中，应该遵循以下规律，强化安全文化建设。

（1）注重领导作用。在民航安全文化建设中，领导干部由于其特殊的地位、身份和角色，对民航安全文化建设有着显著的权力影响和非权力影响，是影响民航安全文化建设的关键因素。

在民航安全文化建设中，要高度重视领导干部的作用发挥。一是要发挥其设计师作用，勾画建设蓝图，确定建设方略；二是要发挥其倡导者作用，积极鼓与呼，营造良好氛围；三是要发挥其培育者作用，加强组织领导，建立长效机制，系统推进建设，细心呵护安全文化；四是要发挥其践行者作用，身体力行，率先垂范，用自己的非权力影响、感召员工投身安全文化建设；五是要发挥其革新者作用，创新建设的观念、方法、内容,推进安全文化的自我扬弃、不断提升建设水平与层次。

(2)加强经验总结。经验是连接实践和理论的桥梁纽带,在一定程度上反映事物的内在联系和发展趋势。重视总结经验,用经验指导和推动安全生产实践是确保民航安全的重要途径,也是民航安全文化建设的重要方略。推动民航安全生产和民航安全文化建设,必须要重视实践经验的探索积累。

总结经验要坚持客观务实,不客观就会有失偏颇,因此要注重主观与客观相一致、理论与实践相统一;总结经验要尊重基层创造,就是发掘经验创新的源头,创造在基层,如果脱离基层,就很难有鲜活的经验;总结经验要汲取间接经验,间接经验可以节约认识成本;总结经验要注重研究提炼,而且要深入研究、高度提炼,由表及里、由浅入深地推动感性认识上升为理性认识,认识特殊性,发现普遍性,总结出既有认识高度又有实践效能的经验。

(3)弘扬优良传统。保证飞行安全是民航永恒的主题,民航的发展史,就是民航坚持不懈地抓好飞行安全工作的奋斗史。民航业为保证飞行安全的方针采取了各种措施与办法,这些措施与办法在历史的进程中逐渐沉淀为传统、升为安全文化,成为民航保证飞行安全的重要法宝。

推动民航安全生产和民航安全文化建设,就应重视继承与弘扬民航的优良安全传统。继承与弘扬优良安全传统要重视历史,要加强民航发展史以及民航安全生产历史的探讨,对民航安全生产实践的传统做法和历史规律进行深入研究,并上升到理论高度加以认识,为民航安全生产实践寻找与构建优良传统的支撑。

继承与弘扬优良安全传统就需要注重继承与创新相结合;继承传统,创新才有基础和源泉;创新传统,传统才能永葆活力与生机,因此,必须基于继承与时俱进、探索创新,不断赋予传统以时代内涵和时代特色,推动传统的继承与弘扬、持续发展。

(4)把握重大事件。民航安全生产实践水平的提升与民航安全文化的发展,有必然规律的作用,也有偶然事件的促进,尤其是民航安全生产实践中发生的一些重大事件会对民航安全生产与民航安全文化建设产生重大影响。因此,在民航安全生产实践与民航安全文化建设中,面对发生的重大事件,要保持清醒头脑,增强工作敏感性,采取积极的措施,把好事作为典型,促进民航安全生产实践与安全文化建设的飞跃,促进民航安全的发展与科学的发展。

(二)民航安全文化传播

民航安全文化传播是民航安全文化建设的重要文化现象与重要理论范畴。民航安全文化中的文化因子,一经产生,就会从各个渠道、各个层次,向民航的每个方向和层面不断渗透。在这个渗透过程中,存在一个重要的文化现象,就是文化传播。传播,是民航安全文化得以生存、延续、发展的重要通途。

1. 民航安全文化传播类型

民航安全文化传播,就是民航安全文化从一文化共同体到另一文化共同体、从一个区域到另一区域、从一时期到另一时期的传递、扩散、互动的行为和过程。

民航安全文化传播从不同的角度,可以进行以下分类。

(1)从其传播的范围来看,可分为内传播与外传播。内传播是安全文化在一个文化共同体内部传播,小到一个民航作业班组内部的安全文化传播,大到整个民航系统内部的安全文化传播。外传播,是指安全文化在文化共同体之间的传播,小到民航从业人员个体之间,大到民航系统与其他系统之间、民航系统与国际民航系统之间的安全文化传播。

(2)从传播的方向来分,可分为横向传播与纵向传播。横向传播表现为不同安全文化的接触。纵向传播表现为同一文化共同体内安全文化的纵向传承和传递。纵向传播又包括时间维度的纵向和科层结构的纵向,时间纵向即安全文化在时间维度上从前向后的纵向传递,科层结构的纵向即安全文化在一个文化共同体内由上至下的顺流传递或由下向上的逆流传递。

2. 民航安全文化传播途径

民航安全文化一经萌发,就会以有意和无意的方式进行着纵向与横向的传播,促进着民航安全文化的积累、整合、变革与发展。一般而言,民航安全文化传播途径与方式主要有以下方面。

(1)艺术传播。艺术传播是民航安全文化传播最有感染力的一种途径和方式。艺术来源于生活，又高于生活。民航安全生产是广义生活的基本内容，其中不乏艺术题材，例如，就民航飞行安全主题拍摄的影视作品，使人在艺术享受之中受到安全文化的熏陶。

对民航安全文化而言，舞蹈、音乐、文学、书法、美术、雕塑、影视片等形式，寓教于文寓教于乐，能够增强传播的愉悦性和形象性，使民航从业人员在艺术享受中潜移默化地受到教育，这种传播是生动有味喜闻乐见和非常有效的。

艺术传播相似的还有一条途径，就是将民航安全文化传统用语录、标语、口号、标记等形式艺术地表达出来，也是民航安全文化传播的有形通道。富有艺术性的安全标语、口号、标记等，可以营造一种氛围，使民航从业人员耳濡目染，强化他们对安全文化的记忆与理解。

（2）教育灌输。教育灌输是民航安全文化传播最为重要和常用的一种途径和方式。强制灌输，是民航管理部门、企事业单位根据安全生产的需要，以权力、权威为基础，以正式的教育、管理为手段，对从业人员灌输安全文化，实现安全文化的传播。在民航院校的教学中，可以将民航安全文化纳入教学的内容体系，对各类学生进行系统的教育灌输。

在民航企事业单位的在职培训中，可以结合上岗培训、技术培训，对新员工实施安全教育，传播安全理念、安全方针、安全价值观等；组织安全宣讲团或安全工作先进报告会，到所属单位巡回演讲，直接传播安全文化。民航管理部门可以针对民航企事业单位发生的事故征候下发安全通报，提出安全工作的要求，以正式的文件实现安全文化自上而下的传播；在安全检查中，对违规现象进行纠正和处罚，以行为方式强制性传播着安全文化。

（3）榜样代言。榜样代言是民航安全文化传播常用的途径和方式。榜样代言，即通过树立民航安全榜样或楷模，使他们成为先进安全文化的代表或旗帜、榜样，其感召力而成为民航从业人员的学习楷模，进而达到传播安全文化的目的。

榜样代言的心理基础是从业人员对榜样的崇拜心理。民航安全榜样存集体榜样与个人榜样之分。民航企事业单位也非常注重榜样的树立，善于运用榜样去传播各自的安全文化。

（4）仪式传播。仪式传播是民航安全文化传播的重要途径和方式。仪式是一种文化建构起来的象征交流系统，由一系列模式化、程序化的语言及行为组成。民航安全生产中的各种仪式，就是由民航安全文化建构起来的象征交流系统，承载着民航安全文化的基本精神和丰富内涵。每一次仪式，都是安全文化向民航从业人员的一次集中传播。

在民航业，常见的仪式有安全奖杯奖牌的颁奖仪式、安全飞行年的庆祝大会、安全飞行的表彰大会、安全竞赛的动员大会、安全责任书的签字仪式、专题安全教育的启动仪式、安全红旗的授旗仪式等。这些仪式，对传播民航安全文化意义深远、渐成传统，融入安全文化之中，成为民航安全文化的一道亮丽的风景。

（5）行为传递。文化是人的文化，人是民航安全文化传播的主体与客体，是民航安全文化传播中最活跃、最本质的媒介要素。传播安全文化，人的行为传递是不可忽视的途径和方式。民航从业人员在安全生产中相互接触，用自己的行为相互传递具有民航安全文化特质的信息。

在行为传播途径中，民航管理部门和企事业单位的领导者、管理者，由于其特殊地位和职责，在传播民航安全文化方面有着重要的作用，其一举一动都在传递着一种文化信息，明示或暗示着民航从业人员应该怎么做。因此，民航管理部门和企事业单位的领导者、管理者，要严格要求自己，努力成为先进的安全文化的代表，为民航从业人员做出表率，推动民航安全文化的传播和发扬光大。行为传递的另一重要方式就是以老带新，通过民航老员工的行为传递给新职工、年轻职工，发挥民航安全文化的濡化功能，实现民航安全文化的新老传递。

（6）民间散布。民间散布是民航管理部门、企事业单位内部非正式群体通过自己的组织体系进行的文化传播，是民航安全文化内传播不可忽视的通道。这种传播多限于非正式集体内部传播，而且传播力极强，其传播内容既有民航安全文化中的主流文化，也有亚文化。

散布的渠道既有各种饭局喝茶、娱乐聚会等现实生活渠道，也有网络、信息等现代通信渠道，这些渠道有多向性、交叉性。民航管理部门、企事业单位只要善于利用、引导和适当控制这些文化传播通道，就能使民航安全文化的主流文化传播得以顺利进行、发展成强势文化,占领安全文化的制高点,确保民航安全文化的健康发展。

3.民航安全文化传播规律

民航安全文化是一种亚文化,也具有普通文化传播的基本规律。一般而言,民航安全文化传播有以下规律。

(1)双向选择规律。选择性是民航安全文化传播固有的特性,安全文化传播是传播者和接受者双向选择的活动过程。就传播者而言,在民航安全文化的传播过程中,会发挥主观能动性,根据自我的喜好、理解,根据传播目的、要求以及接受者情况,对传播内容进行选择,为接受者限定一个接受的范围。就接受者而言,接受者对传播给他的安全文化并不是全盘接受,而是基于自己的理解需要和自身条件,有选择性地接受传播内容。民航安全文化传播活动就是传播者和接受者双向选择活动的结果,其选择的总趋势是择善、择优。

(2)优胜劣汰规律。民航安全文化传播过程,也是民航安全文化的交流、互动和竞争过程。这一过程是有规律可循的,传播的主要方向通常是由高到低、由强到弱;同时在安全文化传播中也存在着互动和竞争现象,安全文化传播包含着对流、逆流,得到传播的未必是发达、先进的安全文化特质,有时劣质的文化也会得到传播,给民航安全文化建设带来不良影响。但最终的结果,必定是优胜劣汰,先进的安全文化同化和改造落后的安全文化。

(3)整合增值规律。民航安全文化传播过程中不仅有同质文化的传播,也存在着异质文化的传播。具有不同特质的民航安全文化共同体或员工在文化传播中相互接触,彼此理解,结果就使得不同特质的安全文化得到同化整合,从量到质两个方面产生增值,民航安全文化进而在传播中得到质和量上的膨胀或放大,实现安全文化的扩大再生产。

在民航安全文化传播过程中,具有不同文化背景的民航从业人员可以学习到具有本单位特点的工作方法、生活方式或行为准则,以及进行人际交往的态度和方式,放弃自身不适应本单位的观念、习俗,而将适应于或有利于本单位的观念、习俗融于安全文化之中,形成新的安全文化因子,这些安全文化因子不断增加,从而使安全文化不断增值。

(4)同构易播规律。同构易播规律是指在单位性质、组织结构、管理体制和组织文化相同或相近的安全文化共同体之间,民航安全文化传播速度快,影响大,易于奏效。如国企与国企之间、民企与民企之间,由于管理体制、企业性质相同,民航安全文化的传播就比国企与民企之间容易。在同构易播规律的作用下,一个民航单位通过吸收另一个民航单位的异质安全文化中适合自身发展需要的成分,容易提高安全文化积累的速度和效率,丰富安全文化内容,完善安全文化体系。

(5)异构抗播规律。异构抗播规律是指在单位性质、组织结构、管理体制和组织文化相异或者全然不同的安全文化共同体之间,安全文化传播速度慢,影响小,不易奏效。因为,每个民航工作单位都有着自身特色的安全文化,在其自身安全文化的调理及维系过程中,存在着一种自发排斥异己的功能。因此,不同特质的民航安全文化在相互接触交流时就会产生一些问题。

民航安全文化在传播过程中,问题是不可避免的,而且正是由于安全文化问题的存在,才推动了民航安全文化的进步;如果民航管理部门企事业单位内部没有安全文化问题,那么这种安全文化多半已进入衰退期,已没有生机和活力。

民航安全文化差异的结果,或是融合不同特质的安全文化,使民航安全文化得到丰富和发展,或是改变民航安全文化特质和文化结构,使原有的民航安全文化完全为一种新的安全文化所取代,使安全文化不断从低级向高级发展。

(三)民航安全文化整合

民航安全文化的建设发展,离不开安全文化整合。民航安全文化建设的一项重的要任务就是把民航各级组织中那些零散、孤立的、无序的文化因子整合为有序的、统一的、和谐的安全文化体系。只有经过良好的整合,民航安全文化才能提升到更高的水平、具有顽强的生命力,才能长期保持自己的特色。

民航安全文化整合指的是民航系统或其中一个安全文化共同体自身内部或来自外部的具有不同特质的安全文化或其要素通过相互接触、相互适应、相互协调、相互融合从而成为一个有机整体的过程。简言之,就是把不同特质的安全文化或其要素协调、融合为一个有机整体的过程。在安全文化的整合过程中,安全文化融合的异质文化或因素越多，其内容越丰富、体系越完善，也就越具有适应性和生命力。

民航安全文化整合的基本过程有四个阶段，即发生关联、功能联结、协调共处、融合平衡，这也是民航安全文化整合的基本逻辑顺序，但在实际整合过程中，他们是交织在一起的。

1. 民航安全文化整合原则

（1）整体原则。民航安全文化建设是一项系统工程，其整合也须兼顾系统整合，突出整合的整体性原则注重整合的协调发展防止顾此失彼、步调不一、发展失调。对被整合的安全文化，必须围绕整合的整体目标，一视同仁、平等对待。

（2）平稳原则。在安全文化整合的过程中，要加强宣传教育，以强势的舆论导向、思想铺垫、心理疏导以及价值观念灌输，降低文化融合造成的影响和抵触情绪，实现平稳过渡。为此，在整合过程中，还须以员工的思想动态心理承受力为风向标，把握好整合时机，调整好整合节律，提高整合的效果。

（3）充分沟通的原则。安全文化整合之中存在很多问题，这些问题则需要沟通来化解。充分的沟通，一方面有助于在被整合的文化共同体及其员工之间建立相互信任的关系，从而使不同的文化共同体的员工能够增进理解、形成共识、默契配合、精诚团结、形成合力，实现安全文化的整合目标；另一方面可以获得他们在精神上和行动上的支持，降低或化解安全文化整合的阻力，夯实安全文化整合的群众基础，进而推动安全文化的整合。

（4）卓越原则。民航安全文化的整合不能在不同文化共同体之间进行安全文化的简单移植和机械叠加，而应通过整合达到提升安全文化层次和水平的更高目标。整体不仅是其各部分之和，而是产生一个新的实体的各部分的独特安排和相互关系，文化也超过了他们的特质的总和。因此，整合之中须坚持卓越原则，吸取各方精华、做到优势互补强强整合，打造出更加优秀的安全文化。

2. 民航安全文化整合类型

民航安全文化整合，从不同角度可进行不同的分类，主要包括以下方面。

（1）从整合的内容来看，可分为全面整合与单项整合。全面整合是指对民航安全文化系统内的各个子系统及其要素都进行整合。单项整合是指对民航安全文化系统内的一个系统或一个元素进行单独的整合。

（2）从整合的程度来看，可分为初步整合与高度整合。初步整合与高度整合是相对而言的，初步整合就是刚开始进行的整合，整合程度较低；高度整合是指整合的程度较高，不同特质的安全文化已经达到高度融合、高度协调、高度平衡。

（3）从整合的方式来看，可分为专断整合与民主整合。专断整合是通过权力的运作和对安全文化的控制而达成的整合，是用强制手段实现的整合。民主整合则是注重群体间的协作，通过安全文化的自然交融，来最终达到不同特质的安全文化之间的平衡，带有自发性质的整合。

（4）从整合的方向来看，可分为横向整合与纵向整合。横向整合是对不同地域或不同文化共同体的安全文化进行整合。纵向整合是在同一文化共同体内对不同时期的安全文化或不同层面的安全文化进行整合。

3. 民航安全文化整合过程

民航安全文化整合，要以现代管理科学理论为指导，对整合的全过程实施科学管理。差异评估是安全文化整合的前提。安全文化差异是安全文化问题的基本原因，要消除不适的问题以促进融合，就要分析识别不同特质的安全文化的差异，辨别两者相互差异和融合的领域，确定整合的最佳方式。在评估差异准备融合的时候，尤其要注意安全文化问题的防范和控制。

计划设计是安全文化整合的筹划环节。在对安全文化进行全面地审视的基础上，设计新的安全文化，制定科学的安全文化整合计划和策略，以有步骤、有计划和有目标地推进民航安全文化整合，提高整合的计划性和科学性。

实施整合是安全文化整合的核心环节。根据安全文化整合计划，有步骤、有策略地实施融合、导入、推广新的安全文化，使整合计划落到实处，从蓝图变为现实。文化融合是一个较为漫长的变迁过程，在这个过程中，要注意根据新的情况及时调整计划和策略，使安全文化整合得以有效进行。

安全文化的整合有一个漫长的过程，必须相应地进行持续的文化管理，以确保安全文化建设战略目标的实现。安全文化整合后的成果能否巩固，对环境能否保持灵敏反应、灵活调适的文化机能,都取决于后续的管理。

安全文化的持续管理,主要包含两方面的内容:一是强化传播和持续贯彻,反复纠正员工行为上的偏差,并通过制度的保证来巩固维护新文化,直至员工能够自觉践行新文化的要求;二是当环境条件发生新的变化,民航系统或企事业单位的发展战略发生调整时,要对安全文化再次审视定位,如有必要,应适时启动新一轮的文化再造。

4.民航安全文化整合模式

民航安全文化作为一种亚文化,其整合模式与一般的文化整合大体相似,主要有以下模式。

(1)吸纳式文化整合模式。吸纳式文化整合模式是指一种特质的安全文化或其要素完全放弃原有的价值理念和行为假设,全盘接受另一种特质的安全文化或其要素,使后一种安全文化或其要素获得完全的控制权。这种安全文化整合模式主要表现在强势安全文化对弱势安全文化、主流安全文化对非主流安全文化的整合之中,也即是强势安全文化对弱势安全文化、主流安全文化对非主流安全文化的单向同化,其理论基础就是文化理论中的同化论。

鉴于文化是通过长期习惯,根植于心灵深处的东西,很难轻易舍弃,因而,这种模式只适用于强势安全文化异常强大且极其优秀的情况。一般而言,这种整合模式的风险很小,速度较快,效果明显;其缺点在于不利于博采众长。

(2)渗透式文化整合模式。渗透式文化整合模式是指两种不同特质的安全文化或其要素互相渗透、平等沟通、取长补短,都进行不同程度的调整。这种整合模式适合于两种不同特质的安全文化或其要素强度相似,各有优劣,且彼此相互欣赏、愿意自我扬弃的安全文化。

渗透式文化整合是双向的渗透,与吸纳式相比,渗透式文化整合模式是对两种安全文化的优秀部分进行融合及相互渗透,这样容易得到认同,整合阻力较小。所以这种模式运用更为普遍、更大众化,适用性也更强。但是因为在整合中没有强势文化的主导作用,缺乏核心推动力,整合速度较慢,整合成本较大,有一定的风险。

(3)分离式文化整合模式。分离式文化整合模式是指整合之中的两种或两种以上的不同特质的安全文化上依然保持相对独立性,变动都较小,不同的安全文化并行不悖、相互联系,形成一个协调平稳的有机整体。这种整合模式是尊重安全文化的差异性和多样性,其理论基础是文化理论中的多元论。

作为民航安全文化整合来讲,就是将不同特质的安全文化都纳入民航安全文化的系统,形成多元发展、内容丰富、共生共荣的民航安全文化体系。选择分离式文化整合模式需要满足两个条件:一是整合的两种及两种以上的安全文化都比较优秀、强势、有特色;二是他们之间存在差异,这种差异是相对平衡状态。

(4)消亡式文化整合模式。消亡式文化整合模式是指被整合的两种或多种安全文化都很弱小,通过整合使得原有的文化体系消失殆尽。这种整合模式,从本质上讲,就是文化变革。其理论基础就是文化理论中的变迁论。这种整合模式风险很大、成本很高,如整合成功,则达到文化重塑、重获新生的良好效果;如整合失败,则呈现安全文化无序的不良格局。

不同的安全文化整合模式,适用于不同的情况和对象。在民航安全文化的整合之中,应根据民航安全文化战略及原有的文化特性,灵活选择适合自己的整合模式,以进行有效的整合,达到整合的预期目的。尤其是在航空公司进行联合重组后,应在资源重组、生产重组、融合机体、组织再造时,选择适宜的模式,进行安全文化重组。

(四)民航安全文化变革

所有文化,即使是最简单的文化,都是处在持续变化之中,民航安全文化也是如此,民航安全文化不是一成不变,而是随着社会进步、经济发展和行业发展而不断发展变化。变革,是民航安全文化发展的永恒动力。只有不断地做出变革,民航安全文化才能不断焕发生机、充满活力,得到更好发展。

民航安全文化变革指的是由于受到内外部条件或因素的变化影响,民航安全文化特质发生改变并引起民航安全文化整体结构的变化,这种变革应该是以安全价值观为核心的深层次变化和创新。民航安全文化变革的根源在于民航安全生产的生产方式以及客观条件发生了根本性的变化。当民航安全生产的内外部条件或要素发生改变,原有的安全文化体系难以适应民航安全生产需要而陷入困境时,就必然会发生文化变革。在一般情况下,民航安全文化变革对民航安全文化发展有着促进作用,而在某些特定条件下,民航安全文化变革也有可能引起民航安全文化的逆转。

1.民航安全文化变革类型

从不同的角度,民航安全文化变革可进行不同的分类,主要包括以下方面。

(1)从变革的方式来看,民航安全文化变革可以分为渐进性变革与突发性变革。渐进性变革是指民航管理部门、企事业单位用较长时间对安全文化采取有计划、有步骤、阶段性的变革。这种变革比较缓慢,较为稳妥,容易控制,能够及时纠正错误,不会造成大的状况,不会给民航管理部门、企事业单位及从业人员带来强烈的冲击;同时量变缓慢积累,在不知不觉之中达到质的飞跃,实现新旧替换。

突发性变革是指民航管理部门、企事业单位把握变革的时机,对安全文化迅速、果断地实施变革。这种变革使安全文化特质非常规、脉冲式地突然改变和飞跃,在较短的时间内改变原有结构、风格和模式,经常给民航管理部门企事业单位及员工带来强烈的影响。

(2)从变革的动力来看,民航安全文化变革可以分为主动变革与被动变革。主动变革是指民航管理部门、企事业单位根据安全生产的形势变化、战略需要,主动对安全文化进行变革。这种变革经常是居安思危、追求卓越的变革。

被动变革是指民航管理部门、企事业单位在安全生产不利形势的迫使下,被动地对安全文化进行变革。这种变革往往是应对危机、摆脱困境、谋求重塑的变革。

2.民航安全文化变革过程

民航安全文化变革,需要以现代管理科学理论为指导,变革的全过程可以按照以下循环,实施科学管理。

(1)民航安全文化变革策划。安全文化变革的策划是民航安全文化变革的前提,就是根据民航安全生产的需要及民航安全文化发展的趋势,对民航安全文化的变革目标、实施计划等相关问题进行总体研究与确定。

在安全文化变革的策略中,要注意四个方面:一是评估安全文化建设的现状,对安全文化中的积极因素与消极因素予以区分,对安全文化建设中的经验与教训予以总结,对安全文化变革环境中的有利因素与不利因素予以评估;二是深入系统地查找安全文化建设存在的问题,以确定变革的目标、方向、内容,提高安全文化变革的针对性;三是分析问题的原因,尤其是要找出主要原因及其主要方面,以明确安全文化变革的重点,提高安全文化变革的有效性;四是拟订安全文化变革计划,对安全文化进行全面设计,以有步骤、有计划和有目标地推进安全文化变革,提高安全文化变革的科学性。

(2)民航安全文化变革实施。安全文化变革的实施是安全文化变革的核心环节,主要是根据民航安全文化变革计划,有步骤、有策略地实施导入、推广新的安全文化,使安全文化变革计划落到实处,从蓝图变为现实。

在此阶段,应注意两个方面:一是加强安全文化变革的宣传发动,向民航从业人员宣传安全文化变革的背景、目标、步骤及意义,让民航从业人员了解变革的意义,消除他们对变革的不好情绪,调动他们支持变革、参与变革的积极性,为安全文化变革奠定良好的思想基础与群众基础;二是应将大量无法控制的任务化整为零,分解成一个个可控制的小任务,实施项目管理,做到任务到人、责任到人,从执行体制上保证安全文化变革各项任务的落实。

(3)民航安全文化变革检查。按照安全文化变革的设计方案,对安全文化变革计划的执行情况和任务落实情况进行检查,对变革效果进行评估,是确保安全文化变革成功的关键。因此,在安全文化变革中要加强检查力度,加强过程控制,确保安全文化变革沿着正确的轨道前进。在安全文化变革的检查中,注意多种检查方式方法的综合运用,如会议汇报法、现场查看法、交叉检查法及自查自纠方法等,多渠道、多途径地收集安全文化变革中的信息,督促变革计划的落实和变革效果的优化。

(4)民航安全文化变革处置。安全文化变革的处置,就是针对安全文化变革情况及出现的问题,采取措施,以持续改进安全文化变革的效果。安全文化变革,既可能进展顺利、取得成功,也可能进展受阻、发生问题,这两种情况,都需要加以正确处置,以持续推进变革。

在进展顺利、取得成功的情况下,民航应对变革中工作做得好的人和事给予肯定,对做得不好的人和事予以批评,通过正强化和负强化,巩固变革效果,激发持续变革的动力。针对进展受阻、发生问题的情况,要区别加以对待和处理,一种情况可能是原先设计的变革方案不切实际或不完善的问题;另一种情况可能是变革方案的执行不到位、发生偏差的问题。对原先设计的变革方案不切实际或不完善的问题,要及时对方案进行修订、调整和完善;对变革方案的执行不到位、发生偏差的问题,要及时完善变革工作及实施过程、提高执行力度和工作质量,保证变革计划落实到位。

3. 民航安全文化变革规律

民航安全文化变革是有规律可循的,一般而言,包括以下基本规律。

(1)浅层到深层规律。民航安全文化变革的过程相当复杂,一般是由浅入深,从表层的物质文化与制度文化的改变开始,直到深层的精神文化。物质文化与制度文化的变革比较容易,其过程和速度容易控制,而行为文化与精神文化的变革比较困难,过程与速度不易控制。民航安全文化变革循序渐进地出浅层向深层不断推进,也是由易到难的变革,容易取得较好效果。

(2)无序到有序规律。从某种程度上讲,民航安全文化变革也是一种建设性破坏,变革就是在以前的安全文化体系的基础上建立新体系。由无序状态过渡到有序状态是民航安全文化变革的一条重要规律。在变革的实施过程中,民航需要尽量减少无序状态的时间,尽快进入有序状态。

(3)量变到质变规律。民航安全文化变革有一个量变到质变的变革过程。由一种文化到另一种文化的转变一般需要较长的时间,即使是民航管理部门、企事业单位外部环境发生很大变化,使民航安全文化出现突发性变革,也是建立在量变积累基础之上的。因此,在民航安全文化变革中,不能期望一蹴而就,而要注重量的积累,积小胜为大胜,最终实现质的飞跃。

民航安全文化变革是民航安全文化发展的必由之路。民航管理部门及企事业单位应根据客观形势和主观需求的变化,不失时机地推动安全文化的变革,努力推陈出新,不断打造更加优秀的安全文化。

二、民航安全文化建设方略

安全文化,贵在建设,重在发展。加强安全文化建设,实现以文载道、以文化人,以先进的安全文化引领民航安全生产,推动民航安全生产开创新局面、迈入新境界,是民航安全生产的必由之路,是民航安全发展、科学发展的迫切需要。民航安全文化建设,是一个系统工程。

(一)民航安全文化建设现状

1. 民航安全文化建设的形成体系

民航安全文化已基本形成体系,主要标志包括以下方面。

(1)贯彻了安全第一,预防为主,综合治理的民航安全工作方针,明确了安全至上的地位。

(2)安全第一,优质服务,飞行正常的思想和安全价值观念,为民航甚至公众所接受。

(3)确立了民航各级从业人员尤其是领导的安全意识;

(4)建立了系统的安全管理法律和组织体系,完善了安全监督体系;

(5)民航院校设立了航空安全工程专业,开设了航空安全管理等课程,安全教育体系基本形成。

(6)建立了安全科研基地及安全研究所、安全研究室,安全科学技术学科研究初具规模。

(7)安全生产定期分析形成制度,各级组织基本每周每月进行,形成例会。

(8)领导干部抓安全实行思想、经理和工作的到位。

(9)安全责任坚持落实到基层、落实到岗位、落实到人员。

(10)处理安全问题坚持做到不查清原因不放过,不分清责任不放过,不采取有效措施不放过,不严肃处理不放过。

(11)飞行队伍建设坚持管理严格、组织严密、纪律严明、作风严谨、处罚严肃等。

民航安全文化体系基本形成,规范着个人和群体的安全观念和安全行为,运用安全文化管理模式,通过思想、组织、工作、监督四项保证,在保证民航安全生产中发挥了显著作用。基本形成体系的民航安全文化的特色具体可以概括为:安全第一是民航安全文化的核心;诚信严实是民航安全文化的精髓;安全就是效益是民航安全文化的价值反映;法律规章是民航安全文化的准绳;设施设备是民航安全文化的物质基础;与时俱进是民航安全文化的时代特征。

2. 民航安全文化建设的内容

随着民航安全生产的发展,一些民航企事业单位认识到安全文化的重要性,积极探索安全文化建设,主要包括以下方面。

(1)对安全精神文化建设的探索。安全精神文化建设是民航企事业单位安全文化建设的一个亮点,几乎各个航空公司都明确提出了安全价值观、安全理念等,例如,安全是为顾客提供的最基本的服务,安全为生产经营提供基础,失去安全将丧失一切;以训练为基础,以监察为保证,以信息化为手段,变事后处理为事前管理,变经验管理为科学管理,建立和完善安全工作的长效机制,确保飞行安全、空防安全和航空地面安全;保证安全就是关爱生命,保证安全就是创造效益,安全是公司的命脉,安全是永恒的主题,安全是最大的财富、最大的政治;没有安全,便没有一切;安全是政治的意识、安全需要长期作战的意识、科学管理能保证安全的意识、安全工作要创新的意识。

航空公司提出的安全价值观、安全理念还包括:安全为根,飞行为本,机务为基,培训为用;安全快乐、快乐安全,安全幸福安全;坚持安全第一,预防为主,综合治理的方针不动摇,坚持严格培训,重视技术的态度不动摇,坚持严格要求,严格管理的制度不动摇,坚持奖惩并举,重奖重罚的做法不动摇,坚持以人为本,和谐共进的思想不动摇;安全是航空运输企业永恒的主题;安全责任重于泰山;保障安全,人人有责;安全管理无小事,安全关口要前移;以人为本,按章办事,协同作战等。

(2)对安全行为文化建设的探索。安全行为文化建设是各个航空公司建设的一个着力点,通过行为文化建设,培养优良作风,为航空安全提供优良的作风保障。例如,在安全文化建设上,第一,制定行为规范,倡导安全行为,倡导严、细、实的工作态度,提倡一丝不苟、精益求精的工作作风;第二,总结优良传统,固化安全行为,坚持安全第一、预防为主的指导方针不动摇,坚持以人为本、强化业务训练的做法不动摇,坚持严、细、实的作风不动摇;第三,以教育培训塑造员工的安全行为,制定全面的安全教育培训计划,定期、不定期地组织相关人员进行相关培训;第四,以检查规范员工的安全行为,如针对安全工作在民航机务维修活动中的极端重要性,在安全生产中细化关键控制点,强调细节的重要性,做到定期检查、不定期抽查和复查相结合,变事后处理为事先控制,并推行自检、互检、专检的制度。

(3)对安全制度文化建设的探索。安全制度文化建设是民航各个企事业单位安全文化建设的一项经常性工作,各个单位基本都树立了依法治安的意识,根据民航法规和自身的实际情况,建立了比较完善的制度体系,并认真抓好安全法规和制度的执行与落实,推动安全工作步入法治轨道。例如,在规章标准制度执行上坚持严格按章办事,强调手册意识,一是强化遵守规章标准的意识,提出手册员工手册飞行员、按照规章走、差错不会有等口号,并进行广泛的宣传,把遵守规章标准提到决定生存的高度;二是设置监督系统和检查环节,制定纠正和预防措施并监督整改,直到问题彻底解决;三是对重要的规章标准采取提纲挈领的形式,总结成便于记忆的口号,使员工在执行规章标准的时候马上建立一种意识,并自觉遵守等。

(4)对安全物质文化建设的探索。对于安全物质文化建设,各个航空公司都是基于物质是航空安全的重要保障的认识,不断加强物资设备的配备、更新、维护。不管是自发状态还是自觉状态,在安全物质文化建设上,各个航空公司都在积极探索。例如,努力完善各项基础设施的建设和检查,完善设备设施,提高其本质安全化;注重工作环境的安全建设,将提炼的安全文化词条悬挂于工作场所,时刻提醒指导员工进行安全生产;将生产程序拍摄下来,制作成简洁、明了、美观易懂的操作程序示意图,悬挂于工作和休息场所,让员工加深印象。

(二)民航安全文化建设原则

民航安全文化建设原则是指民航安全文化建设所应遵循的准则,决定着民航安全文化建设的定位、品位。为了推动民航安全文化的健康发展,系统地确立民航安全文化建设的基本原则是非常必要和迫切的。这些民航安全文化建设应该遵循的基本原则相互联系、相互贯通，共同为民航安全文化建设提供指导，推动民航安全文化建设沿着正确的方向和道路前进。

1. 人本原则

组织文化理论认为，由于人在本质上是文化的存在物，又是文化创造和文化享受的主体，因此，民航安全文化必须强调以人为本的人本原则，强调尊重人、理解人、关心人、发展人。民航从业人员既是民航系统和企事业单位的主体，也是民航安全文化建设的主力军。民航的安全文化建设必须有广大从业人员的参与。

坚持人本原则，一方面要坚持民航从业人员作为安全文化建设的主体地位。在民航安全文化建设中，广泛发动从业人员，认真听取从业人员的意见，激发和调动其积极性和创造性，从而使其能积极自觉地参与民航安全文化各个方面的建设，使从业人员成为安全文化的积极推行者、自觉实践者；另一方面，坚持以文化人，把提高从业人员安全文化素质作为立足点，引导从业人员按照安全文化发展的规律和要求不断提高自身安全文化素质。

2. 结合原则

结合原则即民航安全文化建设必须与民航发展、行业文化建设、安全管理等结合起来。民航安全文化不能单独发挥作用，必须融合于民航发展大局、安全管理体系、行业文化建设中，贯穿于民航安全生产的全过程和每个环节，否则，民航安全文化就会成为无源之水、无本之木。

坚持结合原则，一是要明确安全文化建设的宗旨，认清角色，正确定位，使安全文化建设服从于民航发展战略和民航安全战略，服务于民航发展和民航安全生产大局；二是将民航安全文化建设纳入民航发展战略规划、安全生产规划，统筹安排，使安全文化建设与民航发展战略、安全生产规划紧密结合；三是与现行民航安全管理工作相结合，不能脱离现有安全管理工作而另搞一套。四是与民航行业文化建设相结合，民航安全文化是民航行业文化的重要组成部分，其发展不能离开民航行业文化的大背景，必须与民航行业文化建设紧密结合起来。

3. 系统原则

系统原则是由安全文化内在的系统性决定的。民航安全文化是有着复杂的内在结构的系统,其建设是一项系统工程,必须系统构建、整体推进、协调发展。

民航安全文化的系统性主要体现于三个方面:一是安全文化内容具有系统性,要包括安全精神文化、安全物质文化、安全行为文化、安全制度文化四个层次系统及其内在各个子系统,以全面构建、整体构建,防止影响安全文化建设的完整性;二是安全文化建设程序的系统性,应根据管理科学的系统理论,从计划、组织、指挥、实施、检查、改进等步骤不断循环地推进安全文化建设;三是安全文化建设方法的系统性,综合采用各种行之有效的方式方法建设安全文化。

4. 特色原则

特色是文化的生命。民航安全文化,应有鲜明的特色,应从民航安全理念、安全精神价值观念、行为规范等各方面反映出自身特点,进而形成安全文化特色。

要突出民航安全文化的个性特色,应从三方面着手:一是突出民航安全文化的历史特色。要研究民航发展历程及民航安全生产历史,了解民航安全生产的历史背景和文化传统,使安全文化建设深深植根于行业的优秀传统文化之中。二是突出民航安全的时代特色。要着眼民航现状及民航安全实际,找准行业安全工作的本质特征、行业文化的时代特征,找到塑造特色安全文化的突破口。三是突出民航安全文化的行业特色。要研究分析不同行业安全文化建设的特点,进而真正挖掘出自身特色,确立区别于其他行业、独具民航特色的安全理念、安全精神、安全价值观、安全哲学观等。

5. 卓越原则

民航安全文化建设必须遵循卓越原则,打造优秀的安全文化,使安全文化保持先进性。卓越就是求好,可以引导和引发人们进步向上。追求卓越,一是要确立卓越的目标,要有赶超世界安全文化先进水平的崇高理想,既体现从业人员建设安全文化的远大志向和不凡抱负,又可以激发从业人员不断进取的精神;二是实施卓越的管理,以充分利用安全文化建设资源,激发从业人员建设安全文化的积极性工作激情和高昂斗志,追求卓越的绩效,构建优秀的安全文化。

6. 科学原则

科学原则是民航安全文化健康发展的重要准则。安全文化建设坚持科学原则,是基于安全本身就是一个科学的命题。民航安全文化建设要有科学的态度实事求是的精神,遵循自身发展的规律,按照科学合理的程序来进行。

科学构建民航安全文化,一是要从科学的角度来认识安全文化,从理论上正确、系统地把握安全文化的本质特征、功能价值、结构形态发展规律、实现途径等。二是要根据民航强国的战略定位和目标,确定民航安全文化的定位与目标。三要根据民航发展所处的历史阶段和实际情况,来确定民航安全文化建设的层次和类型。四是提炼的安全精神文化的内涵要清楚和准确,具有规定性和科学依据,安全制度文化、安全行为文化要能为员工接受和认可,并能在实践中执行和落实。五是民航安全文化的培育和建设程序要有科学性,安全文化建设应有一套科学的程序,比如安全理念的提炼、文化内容的确立、安全文化的贯彻和巩固等。如果安全文化建设的方式、方法科学合理,就会起到事半功倍的效果。六是要开拓创新,正确对待和解决安全文化建设中出现的问题。

7. 创新原则

创新是民航安全文化发展的不竭动力。只有创新,才能为民航安全文化注入生机与活力,使安全文化保持发展的动力。坚持创新原则,一是创新安全文化观念,增强创新意识,形成有利于安全文化建设发展的氛围;二是要创新安全文化建设机制,解除安全文化建设的各种限制,清除安全文化建设的各种问题;三是要创新安全文化内容,既继承先进文化、民族文化的优秀成果,又吸收优秀文化的精华,使安全文化不断新陈代谢;四是要创新安全文化建设方法,构建科学的方法体系,推动安全文化不断地扬弃过去、超越自我,提升整体水平。

8. 渐进原则

民航安全文化建设不是阶段性工作,而是一项长期性的战略任务,有一个循序渐进过程。因此民航安全文化建设必须坚持渐进原则,稳步前进。坚持渐进原则,应从三个方面着手:一要总体设计,分步实施;二要全面推进,重点突出;三要坚持不懈,持之以恒。要始终保持和增强安全文化建设旺盛的激情,使安全文化建设始终处于巩固、强化、发展的状态。

（三）民航安全文化建设步骤

任何一项工作的开展和实施，都有一些基本环节和行动步骤，各个环节或步骤之间虽然紧密联系交叉融合，但其内在的逻辑顺序不可忽视、不可违背，否则就可能会影响进展。民航安全文化建设是一项系统工程，从其建设的基本环节和行动步骤来看，主要有以下环节和步骤。

1. 科学制定安全文化战略

民航安全文化是民航安全生产的一个重要基础，对民航安全生产具有重要的战略意义。因此，应从战略的高度认识和对待民航安全文化建设，将其作为民航安全生产的一个重要战略来抓。

（1）战略形势分析。战略形势分析是科学制定战略的前提和基础。民航安全文化战略分析，主要是对民航安全文化内部条件与外部环境进行科学分析。重点要分析民航安全文化自身的优势与劣势、环境的有利因素与不利因素，以做到情况清楚、形势明了，掌握战略的主动权。

（2）战略目标制定。民航安全文化是一个结构层次丰富的系统，其建设目标不是单一的，而应是一个覆盖各个方面、各个层次的目标体系。因此，在制定战略目标时，要制定总体目标，然后对总目标进行分解，制定精神文化、行为文化、制度文化物质文化的发展目标以及他们的内部要素的发展指标，使民航安全文化建设目标做到宏观与微观相结合，形成一个有机的目标体系，也使战略目标更具可操作性。制定民航安全文化战略目标，还有一个纵向发展的目标体系，即短期目标与长期目标的结合，以长期目标统揽短期目标，以短期目标来支撑长期目标。

（3）战略步骤拟定。基于战略形势分析与战略目标要求，制定民航安全文化战略的实施计划，明确战略实施步骤。战略实施步骤的制定原则是着眼全局、突出重点，分清轻重缓急，排定先后顺序，奋斗计划、有步骤地推进民航安全文化建设。每一战略步骤都应该有相应的目标任务、方法措施。

（4）战略策略选择。不同的策略会有不同的结果。在民航安全文化建设上，因其复杂性和系统性，尤其要注重策略的选择。民航安全文化战略的实施，关键是要根据战略形势和战略要求，进行风险分析、技术评估，然后合理地予以取舍，并且做到策略配套、相互支撑。

2. 全面进行安全文化审计

在民航安全文化建设上，必须以调查研究为基本手段进行安全文化审计，以掌握安全文化建设的现状，全面发掘优势、发现问题，准确了解现有安全文化基础，了解民航从业人员的思想性和心态，为建设安全文化提供科学依据，提高安全文化建设的成功率。

从审计内容上来讲，要拟定审计提纲，设计审计表单，对民航安全文化中的精神文化行为文化、制度文化和物质文化等子系统及其内在要素进行全面审计，对民航安全文化中的承诺文化、知情文化、学习文化、报告文化、公正文化等重要维度进行系统审计。

从审计方法上来讲，要灵活选择、综合利用问卷调查法、文献分析法、访谈法、观察法，如对民航管理部门、企事业单位的领导可进行深度访谈，以深入了解他们对安全文化的理解认识、描述和要求；对广大民航从业人员，则可进行问卷调查，以广泛了解真实的安全文化状况、功能价值、形成原因、先进程度以及发展愿景；对安全行为文化，可采取观察法现场观察各类人员的基本行为方式，采取文献分析法对违章违纪行为进行统计分析。

从审计要求上来讲，要遵循客观事实，要全面综合，要有计划。安全文化审计尤其要注意科学的归纳分析，要从现象到本质、从个别到一般，由表及里、去伪存真，从众多纷繁复杂的安全文化现象中找到安全文化的本质问题。

从审计任务上来讲，就是查清安全文化建设的优良传统、建设特色和存在问题，为下一步的安全文化建设指明方向，优良传统和建设特色在下一步的建设中要予以保持和弘扬，存在问题在下一步的建设中要加以解决和处现。关于查清安全文化建设中存在的问题。

3. 系统进行安全文化设计

安全文化设计就是基于民航企事业单位的发展愿景、发展战略以及安全文化审计的结果，对民航安全文化建设进行规划，其本质就是安全文化文件化、具体化，编制安全文化手册及相关的支撑性规范文件。

在设计内容上,应根据安全文化的层次结构,对安全文化进行系统设计。如安全文化的第一层次包括精神文化、行为文化、制度文化、物质文化,将精神文化、行为文化、制度文化、物质文化再次进行划分作为安全文化的第二层次,如将精神文化划分为安全理念体系、安全价值观念体系、安全道德体系、安全哲学思想体系、安全精神、安全方针、安全目标与愿景等子系统;将第二层次的各个体系再次进行划分作为安全文化的第三层次,如将安全精神文化中的安全价值观划分为政治价值取向、经济价值取向、社会价值取向、伦理价值取向以及人文价值取向,其中蕴藏着民航安全生产的核心价值观;将安全精神文化中的安全道德划分为企事业单位(或组织)道德规范,领导干部道德规范、管理干部道德规范、员工道德规范以及一些重要安全工作岗位的道德规范,如飞行员安全飞行道德规范。

安全文化设计应从大处着眼,从小处着手,在对安全文化进行宏观把握、通盘考虑的情况下,从安全文化的最小因子开始进行设计,最终编制相关的规范性文件。在每一体系或因子的设计上,都应体现承诺文化、报告文化、学习文化、知情文化与公正文化的基本精神。

在设计方法上,应根据文化审计的结果,以原有的安全文化为基础,采取继承、提炼、整合、采借、创新等设计方法,设计出新的安全文化。继承,就是将原有的安全文化中的积极因素予以保留,直接纳入新的安全文化体系;提炼,就是对蕴藏于组织或员工中的零星的安全文化进行收集、概括、提炼,生成精于和高于原有安全文化因素的新因素;整合就是将不同特质的安全文化或其要素进行融合,形成一个有机整体。采借,就是以借鉴和吸收他人优秀的安全文化因子,将其纳入新的安全文化体系。

创新有两个方面的含义:一是对原有的安全文化因素进行内容、形式的创新;二是对新安全文化体系需要而原有的安全文化体系中又欠缺的因素,从零开始进行设计、创造,生成全新的安全文化因子。

在设计原则上,应坚持安全文化与组织的发展战略、发展愿景相匹配;以现有安全文化为基础,注重自身特色的保留与塑造;做到理论与实践相结合,全面与重点相结合,主观与客观相结合,独创性与连续性相结合,计划性与灵活性相结合,共性与个性相结合,继承与创新相结合;坚持可操作与可衡量性原则,做到定位准确、指标明确、内容科学简练、措施切实可行;坚持开放原则,做到专家咨询、领导讨论、集体研究、群众参与相结合,广开言路、集思广益;坚持循序渐进原则,通过广泛宣讲深度沟通,对设计的安全文化进行深入论证、反复修订。

4. 积极进行安全文化培育

安全文化的培育是民航安全文化建设的关键环节和核心工作,直接关系着安全文化建设的成功与否。安全文化培育,就是按照安全文化设计,具体建设、塑造安全文化,把蓝图付诸实践,把理想变为现实。

(1)广泛宣传发动,转化于民。民航安全文化,是以人为本的安全文化,是广大民航从业人员的安全文化。因此,民航安全文化建设,必须进行广泛深入的宣传动员,让民航从业人员认识安全文化的重要性及紧迫性,认清安全文化建设与自身安危的紧密关系,明确自己在安全文化中的作用与使命,把思想和行为统一到民航安全文化建设的总体部署上来,进而激发民航从业人员建设安全文化的积极性、主动性和自觉性,增强民航从业人员建设安全文化的责任感与使命感,把建设安全文化转化为民航从业人员的共同认识、自觉行动,把民航安全文化转化为民航从业人员的安全文化。

安全文化建设的宣传发动,要充分利用网站、多媒体、广播、报纸、内刊、板报和宣传栏等载体以及报告会、座谈会、研讨会、动员会、演讲等形式广泛深入地开展,还可通过摄影、绘画、书法、漫画、安全家书文学作品等各种活动加以宣传发动,既使安全文化建设深入人心,充分动员广大从业人员,也可营造良好氛围。

(2)大力传播推广,内化于心。民航安全文化建设,就是将相关规范性文件加以落实与执行,其前提是广大民航从业人员对规范性文件以及安全文化相关知识的学习和掌握,即将外在的文件内化于心,将安全文化知识了然于胸。

在民航安全文化建设中,应大力加强安全文化传播:一是组织学习安全文化理论知识,使员工掌握理论武器,用理论指导实践,力求事半功倍之效;二是组织系统深入地学习安全相关的规范性文件,使员工明确行动纲领、行动目标和任务要求,以求落实到位、执行无误。其中尤其要加强安全精神文化的学习,让安全理念、安全价值观、安全道德观、安全哲学观、安全精神、安全方针在民航从业人员中人心人脑,成为大家的集体思维、群体意识。在具体的传播推广中,应编写安全文化学习辅导材料,综合运用安全文化传播的各种方式方法,增强安全文化传播推广的力度和效果,真正做到以文化人,不断提高全员安全文化素质。

(3)积极整章建制,固化于制。民航安全文化建设是一项长期性的系统工程,必须以制度做保障,才能使安全文化建设经常化、长期化,才能建立良好的安全制度文化。因此,为抓好安全文化建设,必须积极整章建制,主要包括以下方面。

第一,以制度的形式颁布安全文化相关的规范性手册,确立其在制度体系中的地位,突出其强制性和权威性。

第二,对原有的规章制度进行修订,将安全文化建设纳入相关制度予以规范,使安全文化与民航发展、安全生产、行业文化建设等有关工作有机融合,做到同步规划同步部署和同步推进。例如,在组织机构设置制度方面,应修订增加安全文化建设的相应机构,成立安全文化建设委员会,在各组织机构的职能职责中增加安全文化建设职责;在运行手册、安全管理、安全教育等制度中,应增加安全文化建设的专门章节,使安全文化与这些工作融为一体,纳入安全生产的制度体系。

第三,制定安全文化建设的专项制度,对安全文化建设的组织领导、评估考核、奖惩约束、创新变革等全面予以制度化,建立安全文化建设的长效机制,确保安全文化持续地、健康地发展。

(4)认真贯彻落实,外化于行。美好的规划、内在的积极性、内在的安全素质以及规章制度的落脚点,都是安全文化建设的实践,都体现于建设安全文化的实际行动中。因此,安全文化建设至关重要的环节还是贯彻落实、积极行动,主要包括以下方面。

第一,将全员的内在积极性转化为建设安全文化的积极行动,引导全体人员勤奋工作、开拓进取,为实现安全文化建设目标努力奋斗。

第二,将全体人员的内在素质转化为高质量、高水平的安全行为,引导全体人员高标准、严要求地开展安全文化建设,做到精益求精、更上层楼,不断提高安全文化建设的质量与成效。

第三,将规章制度转化为规范而严谨的安全行为,做到一丝不苟、令行禁止,防止不安全行为的发生。

第四,贯彻落实安全文化建设的发展规划,以规划引领建设行动,一项一项地落实建设任务与要求,分步骤将美丽蓝图转化为客观现实。在贯彻落实、外化于行的过程中,要注重发挥领导干部的表率作用、先进榜样的示范作用和广大员工的生力军作用,善于利用群体压力与从众心理,建立激励与约束机制,以建立优秀的安全行为文化,实现安全文化建设的愿景。

5.客观进行安全文化评估

安全文化评估是安全文化建设的一个重要环节,是确保民航安全文化建设顺利推进、健康发展的重要措施。安全文化评估就是按照一定的评估指标体系,对安全文化建设进行衡量、检查,做出评价和估计,及时发现系统问题和成功经验,以对下一步的安全文化建设进行调整或巩固。

从评估的内容上讲:第一,要对安全文化建设的形势进行评估,以根据其变化看是否调整安全文化建设方案;第二,要对安全文化建设的措施进行评估,以根据其有效性看是否对措施进行调整改进;第三,要对安全文化建设的过程进行评估,以根据其完整性看是否对过程管理进行调整与改进;第四,是对安全文化建设的内容进行评估,包括安全文化理念的有效性及贯彻执行情况、安全行为文化适用性及执行情况、安全制度文化规范性和落实情况、安全物质文化实效性及建设情况,以有针对性地进行调整与改进;第五,对安全文化建设的效果进行评估,以根据其与规划目标的符合性看是否对整个安全文化建设进行调整与改进。

从评估的方式上讲,主要包括:定期评估和针对性评估两种方式。安全文化的定期评估是指每隔一段时间定期对安全文化进行评估。时间间隔的长短可以灵活确定,一般以半年或一年比较合适,对安全文化进行一次全面的评估。安全文化的针对性评估是在发生安全问题后,针对发生的问题,对安全文化进行评估,找出问题背后的深层次原因,即安全文化建设的不足,为安全文化建设的调整或改进提供依据、指明方向。

从评估的方法上讲,首先是要根据安全文化建设的设计规划,建立系统的、可以量化的评估指标体系,然后根据评估指标体系对安全文化进行检查评估。建立评估指标体系,是安全文化评估的基础与前提,其组织指标主要包括:广大员工对良好安全业绩的承诺,包括最高管理层的有形领导;良好的安全业绩,本身被视为一个对组织很重要的目标,而不仅为遵守监管要求;事件或未遂事件的根本原因调查,是为了吸取教训;安全业绩趋势在内的安全信息的有效交流;对持续评价和改进安全业绩的承诺;协调的和定期的监察计划;管理者对安全文化问题的意识;安全改进活动中员工的参与;组织的主要目标包括安全,而不只是集中在成本或财务目标上;财务资源和其他资源的适当调配,以支持安全;为学习外部组织的安全业绩而做出的积极努力;安全业绩评价,包括对安全相关过程的活动的有效性评价,而不仅是对这些活动或过程的结果的评价等。

6. 持续改进安全文化建设

民航安全文化建设,是一个动态的发展过程,存在许多变数,因此,不能一味地按照设计规划和建设方案进行,而要根据发展情况、形势变化与评估结果不断进行改进,才能确保预期目标的最终实现。

持续改进的内容包括安全文化评估的各项内容,即根据评估的各项结果,有针对性地对安全文化建设方案、建设措施、过程管理、建设内容进行改进与优化,提高方案的可行性、措施的有效性、管理的科学性与内容的先进性。持续改进的方式有调整和变革两种。调整是温和的改进方式,即对安全文化建设方案、措施、进度、内容进行局部调整和较小幅度的改进,原有内容不发生本质的变化;变革是激进的改进方式,即对安全文化方案、措施、内容等进行比较彻底的改变与创新,原有内容要发生本质的变化。

已勾勒出了民航安全文化建设的路线图。但民航安全文化本身是一个动态发展的系统工程,虽有一定规则可循,却无固定规则。因此,在民航安全文化建设的具体实践中,应根据形势变化、任务需要,灵活调整上述步骤和程序,以增强安全文化建设的灵活性、科学性和有效性,更好地创建优秀的安全文化,助推民航安全生产水平不断提升。

三、民航安全文化建设主体

人是生产力中第一位的要素,是安全文化的创造者,也是安全文化的重要载体。安全文化涉及每个人对安全承担责任,保持、加强和交流对安全关注的行动,主动从失误的教训中努力学习、调整和修正个人和组织的行为。民航系统里从普通员工到领导干部,尽管在民航安全生产中的分工、职责和权利不同,但都是民航安全文化的建设主体,都是安全文化的创造者和实践者,从不同的岗位和层次参与着民航安全文化建设,推动着民航安全文化的进步与发展。

(一)民航从业人员与民航安全文化构建

民航从业人员是民航安全文化建设的重要力量,是民航安全文化的主要创造者。民航安全文化就是民航从业人员在长期的安全生产实践中逐步创造与积淀下来的一种文化,是全体民航从业人员对安全的理解和认知以及在此基础上所形成的安全观念、安全意识、安全态度以及所认同的安全原则、所接受的行为方式等方面的一个综合体。民航安全文化建设,重在坚持充分发挥和调动民航从业人员的积极性上创造和发展先进的安全文化。

1.民航从业人员的鲜明特征

民航作为最能体现国家综合国力和时代科技发展水平的行业,具有科技含量程度高、资金密集程度高、运营风险程度高、国际化程度高和系统高度复杂的特点。民航从业人员因此也具有不同于一般行业的鲜明特征,主要包括以下方面。

(1)民航从业人员具有很强的政治觉悟。民航服务于国防安全,服务于专机飞行等政治使命,讲政治于民航从业人员有其深刻的历史根源和现实的必然性。进入民航的人员都经过严格挑选,不少工种的从业人员还需要进行政治审查,保持民航从业人员队伍的纯洁性和政治上的可靠性。因此,民航从业人员具有很强的政治思想,对党和人民的忠诚、对民航事业的热爱,经得起各种考验。

(2)民航从业人员具有严谨的纪律作风,民航体制自民航成立以来历经变革,但民航的军队传统在体制的变革中至今未变,民航从业人员由此形成了严谨的纪律作风。令行禁止的纪律、忠诚团结的精神、严谨务实的作风等军队传统在民航人中代代相传、一脉相承。这与民航自成一体的特性和安全工作的苛刻要求不无关系。因为民航相对其他行业而言，形成了一个比较独立的行业，军队传统对本行业的员工发挥着潜移默化的教育作用，使得民航从业人员打上很深的军队传统印记。

（3）民航对安全生产有着苛刻的要求。民航安全于民航从业人员而言是一项重要任务，确保安全是一项系统工程和艰巨的任务，任何大意和失误都可能造成不可挽回的损失。因此安全工作要求民航从业人员令行禁止、忠诚团结、严谨务实。

（4）民航从业人员具有良好的创新精神。民航是一个高科技聚集和技术含量很高的行业，科技上很多先进的技术和先进的成果都较早地运用于民航。民航的这种特性对民航从业人员提出了挑战，需要民航从业人员具有良好的创新精神，要随着科学技术的进步不断学习、掌握以及消化新技术和新知识，不断进行技术的革新和升级，不断地解决民航事业发展中的新问题。这种创造性很强的工作实践砥砺出了民航从业人员的创新精神，这种创新精神成为民航发展壮大的动力源泉。

（5）民航从业人员具有宽阔的国际视野。民航是一个国际性行业，是一个开放性事业，从硬件到软件，从航线到旅客，一体化的特征非常突出，这对民航从业人员来讲，就必须要具有国际视野，积极关注世界民航的发展，关注全球民航发生的各类事件，加强国际交流合作，在合作中优势互补，在交流中取长补短。民航的国际性特点，使民航从业人员具有宽阔的国际视野，善于以开放的眼光去审视和处理各种问题、开展各项工作，推进民航安全发展。

2. 发挥民航从业人员构建安全文化的主力军作用

民航从业人员是推动民航安全生产最活跃的因素，也是民航安全文化建设最为基本的力量。民航安全文化建设的过程，本质上就是民航从业人员在安全生产中不断创造、不断实践安全文化的过程。确立和尊重民航从业人员的主体地位，从业人员的积极性和创造性才会发挥出来，才能更好地发挥其在构建民航安全文化的主力军作用。

（1）加强教育引导，唤醒民航从业人员构建安全文化的主体意识。要用安全文化的管理思想和方法去唤醒员工的主体意识，真正让从业人员成为自己的主人、民航的主人。文化管理理论主张,将人置于管理的中心,不但将人看作生产力,更要看作民航发展的目的;管理要将逻辑与直觉并重,将推理与热情相协调,在民航内部努力营造有利于民航从业人员得以良好发展的文化环境。

人是具有文化意识的主体人,安全文化是强调在全部管理要素中,要以人为本,以文化为统领。要确立以人为本的观念,努力加强对民航从业人员的教育,既使员工自我意识到其安全工作的结果对自身的重要意义,值得为之奋斗;同时又意识到其奋斗对社会或民航的重要价值,让每个员工都感到主体地位得到了尊重,命运掌握在自己手中,能充分发挥自我的能力并实现自己的价值,由此而激发民航从业人员的主人意识,培育民航从业人员的安全责任感和集体荣辱感,自觉履行自己的职责以维护民航的安全声誉和形象,努力为民航安全文化建设多做贡献。

(2)充分依靠员工,发挥民航从业人员构建安全文化的主体作用。民航安全文化建设要全心全意依靠民航从业人员并贯穿到民航安全文化建设全过程。全心全意依靠员工,既是实践党的宗旨的本质要求,也是落实党的群众路线的具体体现;既是民航安全文化建设的根本目的,也是民航安全文化建设的根本途径。做到全心全意依靠员工构建安全文化,就要在安全文化建设全过程中充分调动民航从业人员的积极性,发挥民航从业人员主力军作用,确保民航从业人员成为民航安全文化的践行者、创造者、传播者。

民航从业人员作为民航安全文化建设的践行者,主要是引导民航从业人员按照民航和各个单位在安全文化建设的总体部署和计划,在安全文化建设上贯彻各项政策、实施各项工作、实现各项目标,群策群力地将安全文化的蓝图化为现实;作为安全文化的创造者,主要是引导民航从业人员发挥自己的主观能动性,创造性地开展安全文化建设工作,不断推动安全文化的创新;作为安全文化的传播者,主要是通过民航从业人员的身体力行和言语宣传,让先进的安全文化不断推广传播,不断提高民航从业人员的安全文化素质,在社会上塑造民航良好的安全形象。

3.引导民航从业人员参与安全文化建设的管理

员工授权指组织有一个良好的授权于员工的安全文化,并且确信员工十分明确自己在改进安全方面所起的关键作用。员工授权意味着员工在安全管理上有比较充分的权利。坚持以人为本,建立安全文化的科学管理制度,也就是要重视员工授权,尊重民航从业人员的民主权利,重大问题依靠员工决策,执行决策依靠员工监督,遇到困难依靠员工解决,使员工感到有家可当、有主可做,广大民航从业人员的聪明才智才能得到充分的发挥。

(1)确保民航从业人员参与安全文化建设的决策。民航从业人员作为民航的主人,有权参与民航的重大决策。在民航安全文化建设上,要引导民航从业人员充分行使主人权利,积极参与民航安全文化的决策,这样的决策具有广泛的群众基础,将会更好地得到贯彻落实。因此,在民航安全文化决策上,要建立员工参与的决策机制,建立健全相关的制度,支持民航从业人员积极参与到民航安全文化建设的决策中来,确保民航从业人员参与民航安全文化建设的权利得到保障,真正形成一种广纳群言、发扬民主、民主决策的良好机制,让民航从业人员在安全文化建设上拥有话语权。

(2)确保民航从业人员参与安全文化建设的具体管理。安全文化建设是一项牵涉面广、系统性强的工作,有很多需要沟通、协调以及组织指挥等具体管理工作。民航从业人员作为安全文化建设的基本力量,是民航安全文化的构建者,而不是传统的被管理者,应当赋予民航从业人员参与安全文化建设具体管理的民主权利。具体而言,一是要尊重员工的知情权,对民航安全文化建设中的重大问题,采取多种形式和渠道,让员工充分了解,掌握真情、实情;二是建立良好的自我管理机制,引导民航从业人员在安全文化建设上按照民航各级组织的总体部署进行主动沟通、自觉协调、自我管理、自我调整,全面推行民主管理与自主管理,帮助员工自主,引导员工行为,形成良好的自我管理局面,并由此在各项工作中体现员工的主人翁地位,激发员工的主人翁精神,发挥员工的主人翁作用,最大限度地调动和发挥广大员工的工作激情和创造潜能,推动民航安全文化建设。

(3)参与安全文化建设的监督。要抓好落实,就需要监督。群众监督,从来都是监督中最好的一种途径。因此,在民航安全文化建设中,要充分调动民航从业人员参与监督的积极性,保障民航从业人员的监督权利,对民航安全文化建设实施民主监督,确保安全文化建设方案执行的内容、时间和制度的落实,促进民航安全文化建设。同时,应该尊重员工的监督权,自觉接受员工的监督,以广大民航从业人员拥护不拥护、赞成不赞成作为检查安全文化建设各项工作成效的重要尺度,使各项工作符合民航从业人员的意愿,得到民航从业人员的拥护和支持。

4.实现民航从业人员个人目标与集体目标的有机统一

人生活的意义在于不断地实现既定的目标,并不断地形成新的目标。目标是潜伏或活跃在个体内心的自我的未来状态或其他心理图式的可能运动,是个体在后天的社会生活中选择性地建构起来的,代表着个体潜在的理想、愿望,并规定着具体的行为策略。在一定情景下,某些目标被激活之后成为个体行为的发起者和组织者,形成人的行为的动机。

动机是改变人的心理状态和行为的内在原因。在人的心理世界中,存在三种层次的目标,即与生存有关的目标、与社会关系有关的目标及与自我发展有关的目标,三者之间相互联系、相互作用,构成一个有机的功能整体。人生的价值与意义在于不断实现心中的目标,人工作的意义在于不断形成和实现心中的目标,从而不断促进自我发展自我实现。人的合理需要在组织中越是得到满足就越会把组织的事业当作自我的事业,从而产生的归属感和同化感,个人的积极性和创造性也就会得到最大限度的发挥。

作为民航从业人员而言,其在安全文化建设上也有其自身的目标体系,即民航目标、组织目标和个人目标。在民航安全文化建设中坚持以人为本,就要求行业和组织的发展不能脱离个人的发展,不能单方面地要求行业和组织成员修正自我行为模式、价值理念等来适应组织,而应该要求行业和组织的发展要适应员工个性发展所产生的价值理念、行为模式,在全体成员的一致性上面再做发展的考虑。这就要重视民航从业人员自我实现的需求,将组织目标与个人目标结合起来,把民航从业人员的个人目标与民航的安全文化建设目标统一起来。

民航安全文化目标如果只有组织目标,从组织的安全工作需要确立单一的安全文化建设目标。如果不考虑民航从业人员个体的目标,就会使民航安全文化建设指标的可接受性较低,甚至组织目标与个人目标发生差异,产生不好的效果。针对这一问题,民航安全文化建设目标的设置应突出以人为本的理念,将组织目标与个人目标统一起来,将组织的安全愿景与个人的理想追求结合起来,提高民航从业人员对组织目标的认可度和可接受性,防止组织目标与个人目标相异,防止民航从业人员产生不好心理。

因此,在安全文化建设的目标设置中,一要了解员工的目标设置状况,知道其重视或期望得到的事情,为组织目标兼顾个人目标提供依据;二要引导员工的目标设置,参与员工的职业生涯规划的指导与管理,将员工的个人发展纳入组织管理的范畴,将其目标统一到组织目标上来,使其与组织目标相符合,从而实现组织与个人共同成长;三是要邀请民航从业人员参与组织目标的设置,广泛听取意见,使组织目标的制定具有广泛的群众基础,兼顾各方面的利益诉求;四是要提高员工对组织目标效价的认识,激发员工追求组织目标的自觉性和积极性。组织目标与个人目标的有机结合,可以更好地激发员工的积极性,员工才能在追求组织目标的过程中实现个人目标,在为民航安全奉献的同时满足自我实现的需要。

此外,在民航安全文化建设的目标方面,兼顾组织目标与个人发展目标的一个重要方面是提高员工的安全素质。提高员工的安全素质是民航安全文化建设的源动力和重要归宿。因为员工安全素质的高低,决定着一个行业的安全工作质量。只有提高了安全素质,员工安全意识才会牢固,才会高度重视安全问题、提高生产技能和自身防护能力,行为上才会服从安全管理、自觉避免不安全行为,民航安全才能得到有效保证。因此,加强安全文化建设就要不断提高民航从业人员的安全文化素质,使员工的安全行为符合民航安全生产的实际需要。

5. 调动民航从业人员构建安全文化的积极性

民航从业人员是民航安全文化建设的主力军,其积极性发挥的程度关系着民航安全文化建设的成功与否。因此,要坚持以人为本原则,全面关心民航从业人员,努力调动民航从业人员致力于安全文化建设的积极性,可以主要关注以下方面。

(1)关心民航从业人员的生活,为员工排忧解难。要从员工最关心、最直接、最现实的利益入手,帮助员工解决实际问题,尽最大努力满足员工的合理需求,不断增强员工创造美好生活的内在动力,提升民航从业人员的生活品质。

(2)关心民航从业人员的思想,让员工身心舒畅。要加强与员工的思想和感情沟通,关注员工的思想动态,了解员工的思想变化,及时化解员工的思想问题、满足其情感和精神上的需要,确保员工身心舒畅,用以激发员工内在的动力和工作热情。

(3)关心民航从业人员的成长,让员工自我实现。可以采取晋级、评定职称、提供培训学习机会等措施,满足民航从业人员的自我实现需要。要建立健全以业绩贡献为基础、鼓励员工创新的薪酬激励机制,形成鼓励员工干事业、支持员工干成事业的良好环境;坚持德才兼备、以德为先,不拘年龄、身份、性别、学历、资历等界限,选贤任能,为不同层次的员工提供广阔的发展空间,为各类人才的发展提供宽广的职业通道,营造各类人才健康成长的氛围。

(二)民航安全楷模与民航安全文化构建

楷模即榜样,榜样的力量是无穷的。企业宜在组织内部树立安全榜样或典范,发挥安全行为和安全态度的示范作用。在民航安全生产中涌现出的榜样和楷模,既展现了民航安全文化建设的重要成绩,也是民航安全文化的重要象征和代表,更是民航安全文化建设的重要推动力量。

1.民航安全楷模的特征

所谓安全楷模,是指在民航安全生产中涌现出来的有着优秀安全业绩、代表先进的民航安全文化、为民航从业人员高度认同并堪为表率的人物。

民航自成立以来,在安全生产中涌现出大量的安全楷模,长期为民航从业人员所乐道、景仰、推崇和学习。从这些民航安全楷模身上可以发现一些共同的特征:都具有优秀的安全业绩、高大的形象、高尚的人格、先进的文化。这些特征,在不同的安全楷模身上都有所体现,只不过各有侧重。

第一,民航安全楷模有着优秀的安全业绩。这种安全业绩有两种形式:一是在日常安全生产中长期积累而铸就优秀的安全业绩,在平凡之中做出了不平凡的安全业绩,彰显出崇高的精神、可贵的品质;二是在关键时刻、特殊情况下挺身而出、沉着应对、转危为安、确保安全,做出优秀的安全业绩。不管哪种形式,都是有大功于安全,有大德于民航,从从业人员中脱颖而出。

第二,民航安全楷模有着高大的形象。不论是从平凡中产生的民航安全楷模还是危难之际诞生的安全楷模,一般都有着传奇的经历,在从业人员心目中有着高大的形象,这样才能得到大家心理上的接受、思想上的认同、感情上的景仰、行动上的拥戴。安全楷模是用自己的成功、辉煌的业绩、传奇的故事和感人的事迹塑造了自身的高大形象,特别是他们在危难之时用百折不挠的意志、大义凛然的气概、坚忍不拔的毅力塑造了自身高大的英雄形象。

第三,民航安全楷模代表着先进的民航安全文化。不论是民航创建初期的安全楷模,还是现代的安全楷模,都打上了时代的印记,同时又被赋予了各自时代的先进色彩,传承着先进的民航安全文化,承载着民航和企事业单位所倡导的安全价值观念、安全理念、安全精神、安全方针,代表着先进安全文化的发展方向。所以,民航安全楷模是践行先进的民航安全文化的楷模,在安全生产中总是走在前面,是民航安全文化建设的风向标。

第四,民航安全楷模有着高尚的人格。民航安全楷模,要为广大从业人员所认同、接受、景仰和学习。要让大家从心理上接受、感情上接纳、行动上追随,没有高尚的人格作为支撑不可能成为楷模。民航所塑造的安全楷模都是人格高尚之人,是理想人格的投影,是真善美的化身,具有很强的人格魅力。

2. 民航安全楷模的作用

民航安全楷模在民航安全文化建设中的作用,主要包括以下方面。

(1)目标导向功能。民航安全楷模的目标导向功能是多方面的。安全楷模的观念与行为特征是民航特定的安全价值观的具体体现,他们所追求的安全价值,反映着民航从业人员的共同价值取向,是民航从业人员安全生产的行动指南,对民航从业人员的目标导向作用是明显的。

安全楷模所具有的高尚人格、崇高精神,对民航从业人员的安全品德修养、安全精神培育有着显著的导向作用,对培育优良的民航安全精神和安全道德品质有着标杆作用。安全楷模是民航安全生产中涌现出来的先进人才,是安全业绩突出的典范,体现了人生的重要价值,受到广泛的尊重,影响着民航从业人员的人生观、价值观、世界观以及安全观,对民航从业人员的事业追求甚至人生追求都有着非常明显的目标导向作用。

(2)思想教化功能。民航安全楷模承载着先进的民航安全文化,在他们身上体现着民航安全生产的价值追求安全理念,而他们又为广大从业人员所尊重和崇拜,从业人员自然会模仿、学习他们,因而使其具有思想教化功能,对广大从业人员的思想观念有所影响。

民航安全楷模是民航安全文化建设的先进人才,其辉煌的安全业绩、传奇的故事和感人的事迹对民航从业人员能起到以文化人的思想教育效果。民航安全楷模自身人格完美、精神崇高、行为高尚,能很好地发挥教化作用,对民航从业人员的思想意识予以深刻而强大的影响。

(3)人心凝聚功能。民航安全楷模产生于从业人员中,他们的理想、信念与追求具有广泛的群众基础,易于为广大从业人员所认同和接受,具有独特的魅力和强大的感召力、凝聚力、向心力,是组织的黏合剂,其理想信念能凝聚志同道合者,其人格魅力能吸引追随者,其英雄事迹能吸引崇拜者,广大民航从业人员会自觉追随在其左右,团结在其周围,从而增强民航或企事业单位的凝聚力,形成同心同德的格局和整体力量。

(4)斗志激励功能。民航安全楷模是民航系统的精神之宝,是民航安全文化的重要载体。民航安全楷模优秀的品德、模范的言行、高昂的斗志、传奇的故事和感人的事迹,会凝聚为强大的安全精神,成为民航安全文化建设发展的动力源泉,成为民航从业人员战胜困难的动力,尤其是在民航安全生产面临艰难险阻时,能起到激励斗志、鼓舞士气的作用。

(5)行为规范功能。民航安全楷模作为民航从业人员的追随对象,是民航从业人员学习的榜样、模仿的偶像,其所作所为会成为无声的行动命令、默认的行为律条和无形的行为准则,对民航从业人员产生极大的示范效成,对民航从业人员的行为有着极大的规范功能。

总之,民航安全楷模对民航安全文化建设具有重要的作用。民航安全楷模,从某种程度上讲就是民航安全生产的英雄人物。

3. 民航安全楷模的类型

民航安全楷模可以从不同的角度可进行不同的划分,主要包括以下方面。

(1)从民航安全楷模的来源看,有群众楷模和领导楷模,即有来源于安全生产第一线的普通群众,有的来源于民航或企事业单位的管理层和决策层。基层的楷模身居群众之中,有广泛的群众基础,容易让人产生认同感和亲近感。管理层和决策层的楷模集权力与非权力因素于一身,能够形成超越权力的人格感召力。

(2)从民航安全楷模的事迹特征看,有单项楷模和全能楷模。单项楷模的事迹及品行特征集中表现于某一方面,全能楷模则是在很多方面都有突出之处,表现出比较全面的优秀品质。换言之,单项楷模从某一方面体现了民航安全文化,全能楷模则比较全面地体现了民航安全文化。安全楷模如果能成为全面发展的安全楷模固然很好,有利于广大从业人员对民航安全文化的全面认知,但是人的成长、发展受到诸多因素的影响和制约,成为杰出的楷模者甚少。因此,民航从业人员只要具有某一方面或几方面独特的优势,在某些方面体现民航所倡导的价值观和安全观,就可成为安全楷模。况且这类单项楷模个性突出、形象鲜明,也容易为从业人员所学习和效仿。

(3)从民航安全楷模形成的时期看,有历史楷模和现实楷模。历史楷模是民航安全生产历史进程中产生的安全楷模,是一个时期的安全楷模,他们的品格、行为、作风与形象传为佳话,是民航后来者所仰慕、尊崇的,他们所创造的民航安全文化传统能够作为民航优秀的安全文化遗产世代相传。现实楷模是广大从业人员现实生活中的时代楷模。历史楷模和现实楷模尽管形成的时期不同,但都能对民航安全文化的发展起到巨大的推动作用。

(4)从民航安全楷模的产生模式看,有普通楷模与英雄楷模。普通楷模即是在平凡的工作中日积月累、默默地为安全做贡献,在平凡的安全生产中构筑不平凡业绩的楷模,其事迹更现实,更具有可仿效性;这种楷模需靠长时间的积淀。而英雄楷模是在关键时刻、特殊情况下化险为夷、转危为安、确保安全,有着英雄事迹的楷模。这种楷模对民航安全与发展的贡献巨大,因而在民航从业人员心中始终保持着完美的形象和持久的影响力。这两种楷模都是民航安全生产所需要的,有着异曲同工的楷模价值。

4. 民航安全楷模的塑造

民航安全楷模之所以为安全楷模,是因其承载着民航安全文化,是民航安全文化的象征,是民航安全生产的需要。安全楷模是内因与外因共同作用的产物,一方面安全楷模需要自我修炼,积极践行先进的民航安全文化,潜心致力于民航安全生产,以期取得优秀的安全业绩;另一方面又需要各级民航管理部门与企事业单位的外在培育,营造有利于产生安全楷模的客观环境。民航在造就安全楷模方面,应该从以下四个方面努力。

(1)思想上重视。安全楷模于民航的安全文化建设和民航的安全生产而言,都有着极其重要的作用,这种作用是其他途径无法取代的。因此,在安全生产实践和安全文化建设中,民航都应重视安全楷模的培养和塑造,要有意识地开展这项工作,把其作为安全工作中的一项重要任务抓实抓好,以发挥安全楷模的独特魅力和价值,从精神上感召员工,从思想上引领员工,从行为上鼓励员工,努力提高广大从业人员的安全文化素质,引导广大从业人员积极投身于民航安全生产,争做安全工作的标兵。

(2)精心地培养。安全楷模既靠自身修炼,但更需有意地培养。这种培养不能脱离群众单个培养,而是应坚持整体推进、突出重点的原则,在抓好全体从业人员的安全文化素质、提高全员安全业绩的基础上,重点对一些责任心强、业务精湛、作风过硬、具有楷模潜质的从业人员加以重点培养,通过加任务、压担子,增长其知识,磨炼其意志,锤炼其品质,开拓其视野,拓展其空间,为其成长和发展提供更多的参与机会,使其更多地承担急难险重任务,更深刻地了解民航安全文化的价值体系和文化渊源,承载更多的民航安全文化因子,为其在适当的时机和关键时刻从群众中脱颖而出奠定根基。

(3)善于发现。安全楷模来自群众,又优于群众。安全楷模在成长的初期可能没有惊人的事迹,其价值取向和信仰是进步的,是与民航倡导的安全理念和安全文化保持一致的。在全面抓好员工安全文化素质的基础上,民航的领导者和管理者应善于深入群众,对民航从业人员的心理状态和行为表现、工作业绩进行全面的了解,以及时发现具有楷模特征和潜质的人才,为塑造楷模创造条件。发现楷模潜质的人才的要求不能过高,因为楷模需要大浪淘沙式的筛选,只有少数人优秀人才能达到光辉的顶峰。这就对楷模潜质人才的量有一定的要求,同时对楷模潜质人才的质不能过于苛求,着重发现其闪光点和潜质。

(4)着力地塑造。通过对安全楷模潜质人才的言行给予必要的指导,使他们在安全工作和安全文化建设中担任一定的实际角色或象征角色,使其得以锻炼。当安全楷模基本定型,为部分员工群众所拥护以后,应认真总结经验,积极开展传播活动,提高其知名度和感染力,最终使之为绝大多数民航从业人员所认同并发挥其应有的楷模作用。需要注意的是,在对楷模进行宣传过程中绝不能过分地宣扬,安全楷模是最能脚踏实地的人物。因此,安全楷模应该塑造有血有肉、生动鲜活的形象,这样的楷模可亲可敬,具有更大的代表性与感染力。

民航安全楷模是先进的民航安全文化的化身,培育和塑造民航安全楷模的过程就是构建和弘扬民航安全文化的过程,也是不断增强员工信心,鼓励大家成长、超越自我创造非凡业绩的过程。通过民航安全楷模的培育和塑造,形成安全英雄辈出、安全业绩突出的格局,必将促进民航安全文化跃上一个新台阶。

(三)民航领导干部与民航安全文化构建

领导承诺是安全文化建设的重要因素。领导承诺重点指的是一个组织尚层管理者对安全的态度。承诺是高层领导将安全视为组织的核心价值和经营原则的重要组成部分。承诺意味着责任,应该是严肃的、审慎的。这种承诺能反映出高层管理者积极地向更高的安全目标前进的态度,有效激发令体员工持续改善安全的能力。只有高层管理者作出安全承诺,才会提供足够的资源支持安全活动的开展。如果说民航从业人员是民航安全文化建设的主力军,民航安全楷模是先进的民航安全文化的代言人,那么民航各级领导干部则是安全文化建设的统帅。基于民航领导干部特殊的地位和身份,其思想、言行与工作广泛而深刻地影响着安全文化建设,对安全文化建设具有其他力量不可替代的重要作用。

1.领导干部在民航安全文化建设中的角色

正确的角色定位是领导干部在民航安全文化建设中履行职责、发挥作用的基础和前提。领导干部在民航安全文化建设中主要有以下角色。

(1)领导干部是民航安全文化建设的设计师。对民航各级领导干部来讲,确保安全是其首要的职责。民航或企事业单位的领导干部会审时度势地对安全工作进行调研,提出安全工作思路和安全战略构想,这也就是在勾画安全文化的建设蓝图发挥其权力影响,设计其职责范围和任期内的安全文化建设方略。在安全文化建设的萌发构思、提炼升华、方案确定的整个过程中,民航领导干部的角色就是安全文化建设的设计师,而且这个角色会一直贯穿其任期始终,他们会根据行业的发展、形势的演变不断地对安全文化蓝图进行修改和完善,对安全文化规划进行调整和改编。民航领导干部对安全文化的设计和调整的水平直接决定着民航安全文化建设的水平与品位。

(2)领导干部是民航安全文化的倡导者。在民航安全文化建设中,领导的重视程度、积极程度、倡导程度直接决定着安全文化建设的成败与否。民航安全文化必须靠领导干部地倡导,靠领导干部引领发展方向。由于近年来民航管理部门的领导反复强调和倡导抓好安全文化建设,使得安全文化建设日益受到各大航空公司的重视,启动安全文化建设工程,初步形成了安全文化建设的热潮,对民航安全文化建设发挥了积极性影响和推动。

(3)领导干部是民航安全文化的培育者。民航安全文化建设是一个系统工程,需要各方面的努力拖进。在这个系统工程中,领导干部是一支关键的力量。不论是对安全文化的整体发展还是对安全文化各个部分的发展,都离不开领导干部的精心培育。从宏观上来讲,需要领导干部为安全文化建设营造良好的环境和氛围,打开发展的空间,使安全文化建设避免弯路。从微观上来讲,需要领导干部为民航安全文化的丰富和发展注入新鲜的因素,比如民航从业人员耳熟能详的安全工作理念和措施,都是领导干部提出并在全民航普及、在从业人员中深入人心的。

(4)领导干部是民航安全文化的践行者。有了良好的安全文化建设的设计与构思,并不等于安全文化建设就成功了,在实施过程中还会遇到很多困难。这时更需要领导干部在积极倡导、培育的同时,率先垂范,身体力行,用自己的正确言行、良好的工作作风和崭新的精神面貌影响民航从业人员的思想和行为,用自己的影响去感召民航员工投身于民航安全文化建设。只有领导干部身体力行，才能带出一种生机勃勃的、具有鲜明个性的民航安全文化。

（5）领导干部是民航安全文化的革新者。民航是一个高技术含量、开放性和国际性的行业，可能会成为新的价值观念、思维方式和行为方式的实践者和创造者。由于领导干部的视野开阔、眼界较高、思维活跃，容易发现民航安全文化存在的问题，发现现有安全文化的不协调之处。因此，领导干部可能就会成为推进优秀文化、转换安全文化形态的关键人物。自上而下的改革往往能起到事半功倍的效果。正是民航各级领导干部的这种角色功能，推动着民航安全文化的不断变革与进步。

2. 领导干部在民航安全文化建设的措施

领导干部在明确角色定位后，最重要的是在民航安全文化建设中扮演好自身的角色，并从以下方面重视民航安全文化建设。

（1）树立先进的民航安全文化观念。观念是行动的先导，有怎样的观念就有怎样的行动。作为领导干部，其观念决定着安全工作的思路，其思路决定着安全工作的出路。民航的发展历程中，领导干部一支坚持安全第一的原则，非常重视安全工作，尽其所能地抓好安全工作，出台各种思路和措施。民航各级领导干部在民航安全文化建设上要树立以下观念。

第一，系统性的管理观。安全文化是一项系统工程，包括精神文化、行为文化、制度文化和物质文化，以安全文化统领安全生产，能很好地起到统领的作用，具有很强的整体感。

第二，高层次的管理观。文化管理是一种高层次的管理，是包括经验、传统、制度、科学等诸多内容，而又超越他们的一种管理；又以文化的全面渗透的方式弥补以往管理的不足，有利于提升民航安全管理的境界，达到以文化人、无为而治、保证安全的目的。从某种程度上讲，安全文化也是一种无形的管理方式，可以减少管理者与被管理者之间人为的差异。

第三，可持续的管理观。文化的力量是巨大的，以价值观为导向，对人的影响很深，而文化一旦形成，就会代代相传，生生不息地激发全员自发的主观能动性。

特别是民航安全生产的价值观、安全理念,如安全第一,预防为主等,在民航安全实践中产生并积淀下来,不仅成为民航从业人员的口号,更是大家的行动准则、群体规范。

领导干部的安全文化观念的树立取决于其安全文化自觉。安全文化自觉,是指领导干部对民航安全价值管理的终极目的的思考,其对安全工作中文化内涵和文化意义的理解,是运用安全文化规律和特点于安全管理之中的理性自觉。

(2)加强民航安全文化探讨。安全文化伴随着民航的产生而产生、发展而发展,民航各级领导干部对安全文化并不陌生,但是需要从理论的高度来认识安全文化,用安全文化理论去指导安全文化建设实践。随着民航安全生产层次的不断提高,民航各级领导干部要抓好安全工作,就要理性地认识安全文化,就应与时俱进,加强安全文化的探讨。

民航领导干部要加强安全文化的理论探讨,力求有所创新。安全文化作为一个新生的学科领域,有其基本的内涵、特征、功能、分类以及规律,需要领导干部去掌握。在学习的基础上,领导干部要紧密跟进国际民航业及安全生产、安全文化的发展动态,有意识地加强安全文化的理论研究,在安全文化这个年轻的领域中,做理论创新的推动者和实践者,为发展和丰富民航安全文化理论做出贡献。

民航领导干部要加强安全文化建设的实践探讨,这是民航各级领导干部应该着力研究的一个重点,也是民航各级领导干部关注的一个焦点。作为民航各级领导干部来讲,更多的是注重安全文化的实践建设,偏向于安全文化的实用价值。因此,领导干部从安全工作的需要出发,要自觉加强安全文化建设的实践研究。一是要研究民航安全文化的发展历程,对民航安全文化建设的经验教训和历史规律有一定理性的认知,以史为鉴,古为今用,推陈出新;二是要研究民航安全文化建设的现状,对存在的问题和挑战、面临的形势和任务、应对的策略和措施都应有全面的思考和研究,不断地提高驾驭安全文化建设的能力,成为安全文化建设的专家。

(3)加强民航安全文化建设的组织领导。民航安全文化建设重在组织保证。民航领导干部作为一个组织的领导者和管理者,要把安全文化建设摆在重要的议事日程,以自身的权力影响,加强安全文化的组织领导,主要包括以下方面。

第一，要成立安全文化建设领导小组，明确安全文化建设的主抓机构和配合单位，并自上而下明确各种部门和各个单位在安全文化建设中的职能职责、任务目标，为安全文化建设提供强有力的组织保障。

第二，要组织制定安全文化建设规划，从宏观和微观两个层面对安全文化建设进行综合设计、总体规划，使安全文化建设做到长计划和短安排相结合，总目标与分目标相协调，有计划有步骤可持续地推进安全文化建设。

第三，要加强安全文化建设的资源配置和保障，配备和充实安全文化建设的职能人员，提供安全文化建设的资金，配备安全文化建设所需的物资，为安全文化建设提供良好的人力保障、财力保障和物力保障。

(4)自觉践行先进的民航安全文化。管理参与程度指的是组织的领导干部亲自参与组织内部的关键性安全活动的程度。高层和中层管理者通过每时每刻参加安全的运作，会在很大程度上促使员工自觉遵守安全操作规程。

建设先进的民航安全文化，就需要民航各级领导干部率先垂范，身体力行，自觉践行先进的安全文化。领导干部要自觉践行安全制度文化，对自己高标准、严要求，严格遵守各项安全法规和制度；要求员工做到的，自己首先做到；要求员工不做的，自己首先不做；使组织形成令行禁止、纪律严明的作风，防止违章违纪事件的发生。

领导干部要自觉践行安全行为文化和精神文化，言行举止都要符合组织的安全行为规范，反映组织的安全价值观念和安全理念安全精神，不做不符合组织安全行为规范、价值观念和精神理念的事，不说不符合组织安全行为规范、价值观念和精神理念要求的话，时刻自觉践行先进的民航安全文化，以自自我的非权力影响带动民航安全文化建设。

第三节　民航安全文化的精神

一、民航安全的哲学范畴

哲学作为世界观、方法论理论体系，是一种社会意识形态，是人类文化的重要组成部分。民航安全哲学,是民航安全文化的重要组成部分,是用哲学的理智对民航安全进行较系统的审视与反省,着眼于民航安全文化的探讨,试图在民航安全现象背后,寻找出一种普遍的规律和法则,即为民航安全生产寻找一种哲学根基。

民航安全的哲学思想,就是民航从业人员所共有的对民航安全最一般、最基本的看法,是指导民航安全生产的基本原则。在民航安全文化精神中,民航安全的哲学思想处于核心地位,起着统摄一切的作用。民航安全的哲学思想,具体体现于民航及其从业人员在一对对安全哲学范畴上的基本选择和态度取向。

（一）民航安全绝对性与相对性

绝对与相对反映的是事物性质的两个不同方面的哲学范畴。绝对是指无条件的、无限的、永恒的普遍的;相对是指有条件的、有限的、暂时的、特殊的。一切事物都包括相对与绝对两个方面,都是相对与绝对的统一,各以对方为自己存在的条件和前提。

民航安全既是绝对的,又是相对的。民航安全的绝对性体现在两个方面:一是安全作为民航运输生产的一种状态,是客观存在的,有绝对性;二是安全作为民航运输生产的必然要求和根本原则,是无条件的、无限的、永恒的和普遍的,在民航运输生产中居支配地位,对安全生产起决定作用,具有绝对性。

民航安全的相对性体现在两个方面:一是安全是在一定条件下实现的,总是同时间、地点、条件联系在一起的,因此具有相对性;二是安全强调没有危险、没有损坏,但危险与损坏因素在民航运输中是普遍存在的,只是危险大小不同、损坏程度不一、表现方式各异,因而民航安全是相对的安全,具有相对性。

基于对民航安全的绝对性的认识,民航业坚定了保证安全的信念,牢固树立安全第一的思想,把保证安全作为民航的永恒追求和首要任务。基于对民航安全的相对性的认识,民航业强调科学认识和把握安全,树立了安全不是无事故和零事故的观念,严肃但客观地看待民航安全生产中存在的风险,将零事故的绝对安全目标转变为风险可控、持续改进的积极的相对的安全目标,强化了安全工作的风险观念、系统观念,全面地创造条件,系统地抓好安全,不断提高安全工作水平,把风险和损失降低到可接受程度及最低程度。

（二）民航安全可能性与现实性

可能性与现实性是反映自然界、人类社会和思维中一切事物发展的两个基本阶段的唯物辩证法范畴。可能性是指事物发展的各种趋势，是事物中潜在的在一定条件下时可以转化为现实，但尚未转化为现实的东西。现实性是指现在存在着的一切事物的客观实在性，是现象与本质、形式与内容的统一。可能性存在于现实性之中，是潜在的现实性；现实性是可能性发展的必然结果，是实现了的可能性。事物的发展就是可能与现实相互转化的无限过程。

民航安全的可能性具体表现为：安全是可保证的，事故是可预防的，尤其是随着科学技术的发展，民航本质安全化水平的提高，民航安全的可能性得以不断增大，民航安全系数得以不断提高。民航安全的现实性具体表现为：安全是客观存在的，是一定条件的现实产物，是遵循客观规律的结果。

对民航安全的可能性与现实性，民航行业有着清醒的认识，由此树立了安全可保证、事故可预防的观念，确立了安全第一，预防为主，综合治理的方针，增强了保证安全的信心，发挥着主观能动性，积极掌握安全工作的主动权，努力把安全的可能性转化为现实性。同时，民航也尊重安全生产的客观现实，探索与遵循安全生产的规律，科学地开展安全工作。

（三）民航安全渐变性与突变性

渐变性与突变性是反映事物发展的两种不同形式与过程的哲学范畴。渐变性指的是事物按照一定的度，逐渐积聚能量而发生变化，有一个比较长的积累过程。突变性指的是事物急速积聚能量突然发生变化，其变化过程很快。渐变与突变是相对的，区别在于变化的时间长短、速度快慢。

民航安全的渐变性主要表现为两点：一是从时间上讲，民航安全具有渐变性，是日积月累的结果。民航安全的突变性也主要表现在两个方面：一是从时间上讲，一旦发生事故，安全即发生突变，马上回归于零，安全纪录得从零开始；二是从空间上讲，任何一个人、任何一个单位发生事故，安全就会发生突变，就会突破全局安全。

民航安全的渐变性与突变性,在民航是得到普遍认可的,因此全行业强调树、科学的安全观,尤其是近年来全民航强调树立持续安全理念,树立系统安全理念,增强安全工作的大局观和系统性,增强安全工作的预见性,掌握安全工作的主动权。

（四）民航安全事故偶然性与必然性

必然性和偶然性是表示由本质的和非本质的因素所确定的相互关系的联系类型的哲学范畴。必然性反映事物内部的、稳定的、重复的、普遍的现实联系,表示事物发展中不可避免的、一定要出现的趋向。这是由事物内部的、本质的因素所规定的,决定着事物的其他联系以及事物发展的途径和方向;偶然性反映的是事物外部的非本质的、不稳定的、个别的现实联系,表示事物发展得以出现,也得以不出现,可以这样出现,也可以那样出现的倾向。这是由事物外部的、非本质的因素所规定的,对事物的其他联系和发展不起决定作用。

就民航事故而言,民航的普遍观点是:事故的发生,既有必然性,也有偶然性,而且二者是相互转换的。这是由民航内在的高风险性决定的,在民航安全生产中普遍存在可能导致人员伤亡和财产损失的危险性,因此,就必然存在发生事故的可能。但事故是生产过程中的一种意外现象,由人为因素、环境因素和设备原因致使生产过程意外中断并造成危害,具有随机性和偶然性,其发生的时间、地点、形式、规模和后果都是不确定的。同任何偶然性一样,事故不是纯粹的偶然性,在偶然性背后隐藏着必然性,有着其存在发展、发生的内在规律。必然性总是支配着偶然性,偶然性作为必然性的表现,总是有征兆可寻。

事故的必然性和偶然性,不是强调面对事故的无能为力,也不是强调事故的不可预测和防范,重要的是树立和坚持安全第一,预防为主,综合治理的方针,增强安全意识和安全警觉,正确认识事故发生的根本原因,吸取经验教训,找出外在因素与事故发生的内在联系,防止影响安全生产的危险因素,使生产处于预控、可控、在控和能控之中,则事故是可预防的,安全是有保障的。

（五）民航安全事故主观性与客观性

主观与客观是反映事物发展动力与变化条件的一对哲学范畴。主观指的是人的精神过程的总称,是人通过精神活动产生的各种意识的总称,强调的是人的主观愿望、主观努力;客观指的是具有独立自存性的事物的总称,强调的是客观现实、客观条件。主观是对客观的反映,主观依赖于客观;同时,在客观决定主观的基础上,主观又有相对的独立性,又称为主观能动性。

就民航事故而言,普遍推崇的是事故交叉理论,在一个系统里,人的不安全行为与物的不安全状态的形成过程中,一旦发生时间和空间的轨迹交叉,就会造成事故。人的不安全行为主要突出的是人的因素和事故的主观性,物的不安全状态主要突出的是物的因素和事故的客观性。这反映出民航业对事故的主观性和客观性的认知,认为事故是由主观与客观因素的综合效应所导致。民航事故的主观性,主要表现为人们未尽到自己的主观能动性;民航事故的客观性,主要表现为物和环境的客观问题。

基于对事故的主观性与客观性把握,民航树立了全面分析事故原因、系统开展安全工作的观念,发生事故时从主观与客观两个方面全面寻找事故原因,开展安全工作时善于从主观与客观两个方面进行通盘考虑、系统安排。

随着科学技术的发展,民航本质安全化水平不断提高,民航重视安全工作中人的因素,强调安全与事故的主观性,注重研究和预防人的不安全行为,进而达到预防事故、保证安全的目的。同时,也要注意不能过分地放大人的因素、安全和事故的主观性,忽视安全和事故的客观性。在民航,事故原因虽然有主观与客观两方面的原因,但客观原因受制于主观原因,例如,虽然是设备故障、天气原因,但设备是由人来保养和操作,不利的天气采取措施是可以防范的,最终将事故原因全部归于人的因素,归于主观性,这样夸大主观能动性则可能会导致唯心主义。

(六)民航安全事故发生原因与结果

原因与结果是揭示事物、现象间相互关系的一个方面或一种形式的一对哲学范畴。所谓原因,是指引起某种现象的现象。所谓结果,是指被某种现象所引起的现象。现象间这种引起与被引起的关系就是事物之间的因果关系。原因和结果既是相互对立,又是相互依存、相互转化的。一个事物是另一事物的结果,同时又可能是第三个事物的原因,两个事物可以互为因果;一事物可以是自身的原因与结果。因果联系有多种多样的情形,例如一因多果、多因一果、多因多果。

就事故原因而言,安全科学里有诸多的事故致因理论,如能量转移理论、轨迹交叉理论、事故因果连锁论、事故倾向理论、事故原点理论等。这些理论从不同角度揭示了事故发生的规律,指明了事故预防和控制的思路与方向。就民航事故而言,第一,民航普遍的观点是承认事故背后有原因可寻;第二,民航普遍认为事故原因的综合性,事故往往是多因一果;第三,事故原因一定能找到。

承认事故背后有原因可寻的结果,发生事故要调查原因,以吸取教训、引以为戒,是正确的和应该的。认为事故原因的综合性的结果,是系统地分析探究事故原因,既有利于找到真正的原因,同时也有可能导致范围扩大化情况出现。认为事故原因一定能找到的结果,好的一面是能起到增强查找事故原因的信心,不好的一面是可能导致违背客观规律,有的事故原因由于人的认识水平和科学技术的局限性以及实际情况的复杂性,容易出现找不到的现象。在这种情况下,倡导不查明原因不放过,可能会导致适得其反,违背客观规律。

二、民航安全的精神

民航安全的精神既是民航从业人员在安全工作上集中展现的一种群体意识、思想境界,也是民航从业人员安全工作作风的提炼与升华。民航安全的精神,是民航从业人员在长期的安全工作实践中所形成的。民航安全的精神,可以概括为:严字当头的治理精神、求真务实的科学精神、精诚团结的协作精神、顽强拼搏的进取精神。这是民航优良传统的结晶,集中体现了民航人崇高的思想境界和优秀的精神品格。

(一)严字当头治理精神

严字当头是民航在长期的安全工作实践中形成的精神特征,从早期的简单工作要求、一般管理规定,发展成为以法为本的治理精神。"严"具有丰富的内涵,可以理解为严格、严密、严明、严谨、严肃,在民航安全生产中可具体表现为管理严格、组织严密、纪律严明、作风严谨、处罚严肃。严字当头的治理精神,既是行业特点的内在要求,也是民航安全生产实践经验的总结升华,更是航空事故教训的结晶。

严字当头,是行业特点的内在要求。民航是典型的高风险行业,其高风险在于航空活动是高速高空的位移,稍有不慎,就会给国家和人民生命财产造成不可挽回的损失。虽然民航的安全系数远高于乘坐火车、汽车等交通工具,事故率非常低,但是一旦发生事故,就会影响广泛,因此行业性质决定了民航安全是民航永恒的主题,确保安全是民航工作的重中之重。确保安全就得减少和消除事故,减少和消除事故,就需要防止人为差错,防止人为差错就需坚持严字当头,依法管理、按章办事。民航将严字当头具体化为:严在组织领导,严在规章制度,严在监督检查,严在教育培训,严在系统完善。使严字当头的精神融入民航安全生产的整个机体,成为民航安全文化的重要理念,成为推动安全工作无穷的精神动力,成为保证民航安全的重要法宝。

严字当头,是实践经验的总结升华。在长期的安全工作实践中,民航各级组织、各个单位都在积极探索民航安全的真谛、大力探索保证安全的良方。例如,严密的组织,严格的训练,严明的纪律,严谨的作风,充分发挥思想政治工作的保证作用,并在全行业推广;抓整顿,坚持严字当头等都是一切要求从严的精髓一脉相承,严字当头的精神贯穿始终。在民航的发展历程中,每一个安全周期的实现,其基本经验都离不开严字当头这一精神武器。

(二)求真务实科学精神

民航以科学态度对待安全工作,经过长期实践,孕育出求真务实的科学精神,成为民航安全生产十分重要的精神特征。所谓求真,就是承认客观存在、正视客观现实、尊重客观规律、探求客观真理;所谓务实,就是注重实际、注重实践,说实话、办实事、求实效。

求真务实的科学精神是由民航安全生产的高技术含量决定的。民航运输生产的工具主要是飞机,为飞机的飞行提供保障的通信导航、气象、航行管制、机场设施等系统的生产和工作过程,无不涉及高科技领域。因此,民航的科技含量非常突出,民航安全生产的专业性和技术性非常突出,必须以科学态度予以对待,提高安全工作的科学性,才能切实预防不安全行为和工作差错,确保安全。

求真务实的科学精神,在民航安全生产上,具体体现在:一是科学对待民航安全,树立科学的安全理念,坚定事故可防、安全可保的信心,正确处理安全与效益的关系;二是积极探求安全规律,避免安全工作的无目的性,增强安全工作的主动权,前移安全防范关口;三是推进科学管理,提高安全管理的规范化、制度化、现代化水平,实现事故的全面预防与纵深防御的有机统一;四是以科学思维和方法开展工作,提高工作质量,消除事故隐患,提高安全系数;五是务实真抓,反对形式主义、扎实推进安全工作,持续改进安全工作,提高安全工作水平。

(三)精诚团结协作精神

民航安全是大合唱,是一项复杂的系统工程。团结协作是确保民航安全的不二法则。经过长期的实实践,精诚团结的协作精神成为民航安全精神不可或缺的重要内容。

民航安全生产是系统性很强的工作。民航安全涉及飞行、空管、机务、油料、机场、气象、通信等专业部门或子系统。一般情况下,民航系统保障一个正常航班飞行,需要航空公司、空管、航油、机场、安检等诸多单位、多个专业技术部门、若干人员经过多道工序才能完成。保证民航安全,就需要各个子系统、各个工种团结协作、紧密配合、和谐运转。任何一个环节和岗位的工作缺位、发生差错,都可能导致整个安全工作系统运转失灵、整体失效,轻者影响运行的质量,重者危及民航安全。从航空事故的影响来看,系统性也是非常突出的。民航每发生一次事故,影响的不只是发生事故的公司和单位,影响是整个民航的利益。民航安全的系统性,决定了民航一荣俱荣、一损俱损,决定了民航管理部门、企事业单位和民航从业人员必须团结协作、整体联动,共同维护民航安全。

精诚团结的协作精神,在民航得到大力提倡和积极响应。从行业主管部门到具体班组,长期以来都一直强调和树立大局意识、全局观念,增进团结协作。民航经过体制改革后,形成了行业内主体多元、互不隶属、相互依存、依法调整关系的体制,行业安全管理的系统性受到一定程度的影响后,民航管理部门从行业的系统性出发,大力倡导行业内民航企事业单位和全体从业人员,树立全民航一盘棋思想,树立大民航意识,正确处理局部与全局的关系,建立协同机制,加强团结协作,做到政令畅通、运转有序,促进民航的健康协调发展,包括民航安全生产的健康协调发展。民航各个系统和企事业单位及广大从业人员积极响应团结协作的要求,在安全工作中自觉把团结协作作为行为准则,加强沟通和协调,做到关系和谐、相互依存、彼此呼应、紧密配合、携手合作、步调一致,共同打造民航安全。

（四）顽强拼搏进取精神

保证民航安全,责任重于泰山,任务十分艰巨。民航从业人员在长期的安全生产实践中,锤炼出了顽强拼搏的进取精神,战胜各种困难,不断把民航安全水平推向新的高度。

安全之于民航,似重担在肩,压力和难度都很大。民航安全是一个系统工程,点多面广线长,任何一个部位和环节发生问题,都可能危及民航安全,把多个工种打造成严密的安全防线,难度显而易见。民航安全的高技术含量和系统复杂性,给民航也带来技术难关、科技挑战,增加了保证飞行安全的难度,考验着民航从业人员的技术能力与战斗意志。民航运输飞行,存在诸多变数,如恶劣天气、机械故障、意外情况等,这些偶然性因素,也极大提高了保证民航安全的难度系数。

在压力和困难面前,民航从业人员顽强拼搏,不断进取。遇到技术难关、科技难题,组织攻关小组进行技术会诊、技术攻关,不断钻研,直到成功。飞行中遇到恶劣天气时,空中的飞行机组、地面的空管人员顽强地与恶劣天气斗争,一次次化险为夷、转危为安。尤其是安全防线被突破,遭遇挫折时,民航从业人员发挥顽强拼搏的精神,总是百折不挠,锲而不舍,重铸安全防线,从零开始新的安全征程。在顽强拼搏中,民航从业人推动民航安全水平不断提高,不断开创民航安全新局面,不断创造出更长的安全周期。

三、民航安全的道德

民航安全的道德是民航安全文化精神的重要内容之一,是一种特殊的意识形态和行为规范,贯穿于民航安全生产的始终,对民航安全文化的其他因素以及全民航的安全生产都有着深刻的影响。

（一）民航安全道德的发展

民航安全的道德体系从潜在的人性自我到自在的规范自我,再到自为的德性自我的过程,实质就是民航安全道德体系从他律向自律再向无律动态整合的过程。在这个过程里,民航安全道德规范的内化起着关键的作用,而民航安全道德规范的内化就是将外在的出于他律阶段的各种道德要求,转化为民航管理部门、企事业单位及从业人员的道德品质和道德行为。

1. 道德的他律阶段

民航安全道德的最初养成主要基于对道德、对自身有利的感性认识、出于规范他律的需要而讲道德。在一些对自身似无直接利害关系、无硬性处罚规定的事情,有的从业人员不愿积极去做,如航空安全自愿报告,这个制度的实施对保证民航安全是十分有好处的,有利于收集分析民航安全生产中的问题、防止类似事件发生,对从业人员来讲应是基本的职业道德,是为民航安全生产做善事、做贡献,但民航建立的航空安全自愿报告系统收集到的事件报告却收效甚微。

在一些有硬性处罚措施的制度执行上,情况就好得多,如航空公司按照民航法规控制飞行员的飞行时间,可能直接影响航空公司的经济利益,得益的却是飞行安全、是广大乘客的生命与财产安全,从一定程度上讲是舍利取义的道德行为选择。但这些做法和认识,还处在对民航安全道德的表层认识,出于对道德的畏惧和他律的需要而讲道德,把民航安全道德规范作为外在于自身的力量,道德还停留在外在的约束或强制,以必须服从的形式来实现,属于道德他律阶段。

道德他律阶段的安全道德行为及其选择具有不自觉性、不稳定性、被动性和工具化的特点。在此阶段,一要加强相关法律体系的建设,通过制度规范和强化行为主体的安全道德行为及其选择,建立安全生产的道德底线;二要加强宏观调控,有效引导行为主体的这些不自觉、不稳定的道德行为及其选择;三要积极开展安全道德实践活动,营造良好的社会氛围,为民航管理部门、企事业单位和从业人员树立安全道德模范,提高其道德认识水平。

2. 道德的自律阶段

将安全道德规范内化为民航的道德主体的道德品行,还需进一步提高道德主体的道德认识,使民航的道德主体从内心深处认识到安全道德对个体、对集体和社会的价值,进而从理性上认同、从情感上接受、从行动上践行安全道德规范,并在意志上能够坚持。例如,当飞机遇到气流发生强烈颠簸及其他危险情况时,空乘人员先想到的是乘客的安全而不是自身的安危,因此冒着危险也要去履行自己的职责,自己受到伤害也要保护乘客的安全。因为空乘人员通过职业教育深知,在各种特殊情况下自己的角色和职责是怎样的,不需要监督而自觉去践行道德规范。

只有出于安全道德主体对道德应当的认识和践履,发自道德主体自身的理性上的自我确认、情感上的自我欲求、意志上的自我坚持和行为的自我约束,而不是出于外在的强制或服从出于他律的需要,才可以认为实现了道德他律向自律的转化。换言之,民航安全道德规范已基本内化为民航管理部门、企事业单位和从业人员自身的道德品行。这一阶段上的道德行为及其选择,具有自觉性、理性化、主动性、他律性和律性统一的特点。在此阶段,一要制定内容具体、表达清晰的道德原则;二要使内部管理制度化;三要加强道德教育及培训。

3. 道德的无律阶段

道德的自由自觉是民航的道德主体基于对道德认识上的理智自觉、情感上的真诚自愿、意志上的强烈持久、信念上的坚定不移,根据道德必然性自觉行动。民航的道德主体把民航安全道德作为内心宁静、主体完善、价值实现的内在需要,把民航安全道德本身作为追求的直接对象和价值目标,将安全道德价值的实现作为自己的精神需要和乐趣,践履安全道德不再受他律的驱动,不再把安全道德视为一种自我约束而是一种自然而然的行为习惯。

民航道德主体的自由自觉不是只停留在道德理性认识、道德情感和道德信念上的自觉自愿,而是行动上的自由自主和习惯,是民航道德主体出于自己的安全道德信念,出于长期的道德自律和道德习惯,在突发事件和道德选择的场景下,本能地做出的自然而然的道德行为选择,其行为既有道德必然性,也可以认为达到了自由自觉的道德境界。

一个能够用安全道德规范自律的道德主体,在实践中反复自觉地按照安全道德规范办事,长此以往就能够不假思索地行动而自然符合规范的要求,并成为行为习惯,才真正地达到了自由自觉的安全道德行为习惯阶段;而且也只有达到了这一阶段,民航安全道德体系才最终达到了内在的、和谐的整合。

（二）民航安全的道德特征

虽然民航安全的道德是民航安全文化精神的重要组成部分，但从本质上讲，民航安全的道德从属于社会道德体系，是特定领域中的道德。界定民航安全道德，就要清楚道德的内容。所谓道德，就是指人类社会依据对自然、社会和个人的认识，以是非、善恶为标准，调整人们社会关系的行为规范和准则。民航是一个小社会，民航安全生产涉及面甚广，对内而言，存在着企事业单位以及领导干部、管理干部、普通员工相互之间的复杂的关系；对外而言，与社会各界以及公众也有复杂的社会关系。正确处理和协调好这些关系，促进民航安全生产，必须要有良好的民航安全道德。

民航安全的道德，就是以是非和善恶为标准，调整民航安全生产涉及的内部各种关系、外部社会关系的行为规范的总称。民航安全的道德作为民航安全文化精神的重要组成部分，离民航安全文化的价值核心最近。换言之，民航安全道德的大部分，就直接表现安全文化的价值标准。民航安全的道德是以个人和群体应该如何的规范和行为，表达了民航安全文化、秩序化了整个民航安全生产。

民航安全的道德与社会道德既有一致性，也具有独特性。所谓的一致性，是指民航安全道德反映了社会道德的基本精神和要求，是社会道德的具体体现，但民航安全道德产生于民航特定的安全工作中，是民航处理安全工作所涉及的各种关系时，遵从的特定道德规范和道德要求，因此，又具有自己鲜明的独特性。高尚的民航安全道德，是社会道德中的积极因子，丰富和发展了社会道德。

民航安全的道德与安全制度既紧密相连，也具有独立性。民航安全的道德与民航安全制度，都是调整人们行为的力量。民航法规制度的内容体现着民航安全道德的基本要求；民航安全道德渗透在民航法规制度中，通过有关的章程、条例、制度、准则、规程、守则等形式发挥作用；因此，民航安全道德与安全制度具有统一性。但同时也应注意，民航法规制度再严密，对从业人员的安全行为的约束也有不足之处，民航安全道德在此时起到补充作用，从而使民航法规制与民航安全道德相互结合，产生更大的约束力。

民航安全的道德与民航法规制度存在着职能上的区别：民航安全道德要求民

航从业人和群体应该如何做,是靠强制力量实现的。民航管理部门和企事业单位不能对从业人员所有的安全行为均采用强制手段,需要强制的只是从业人员与民航安全生产正常秩序相联系的行为。而对倡导的安全行为,一般要通过倡导某种先进的道德风尚来实现。

(三)民航安全道德的建设

1. 建立安全道德基本准则

树立正确的安全价值观是建立安全道德准则的前提。安全价值观是民航在安全工作中所推崇的基本信念,是民航管理部门、企事业单位和从业人员一致同意的关于民航安全意义的终极判断。树立正确的安全价值观是民航安全道德建设的第一步。民航的安全价值观主要体现于安全第一、安全就是生产力、安全就是效益等理念上。在民航安全价值观上,曾经倡导没有安全就没有一切的理念,使安全价值绝对化,使安全工作严重影响民航运输生产。

民航安全道德准则是基于民航安全价值观的、对安全道德问题的正式说明,包括诚信原则法治原则、协作原则、互利原则、平等原则、自主原则、和谐原则以及义利统一原则、社会责任原则等。民航安全道德准则明确了民航管理部门、企事业单位及从业人员处理具体安全道德问题的基本思想和基令准则。根据这些基本准则,民航应从完善各项安全法规制度入手,建立健全岗位责任安全道德规范,推动民航安全道德建设逐步实现制度化、规范化及科学化。

2. 建立安全道德教育机制

要提高民航安全道德水平,必须建立安全道德教育机制,加强安全道德教育,提高从业人员的道德认识,培养其荣辱观,确立其是非心,这是民航安全道德建设的重要环节和必由之路。把安全道德教育纳入民航安全教育的总体部署之中,作为其中的一项重要任务应该常抓不懈;加强具体的安全道德规范教育,提高民航从业人员对安全道德重要性的认识,加深对民航安全道德准则和规范的理解,增强遵守安全道德规范的自觉性,强化安全道德意识;通过树立榜样、舆论引导等手段,让各个单位和每位从业人员在践行安全道德规范方面,做到学有榜样、赶有目标。

3.建立安全道德执行机制

实行安全道德目标管理,把民航安全生产中的道德建设有机地融入民航管理部门、企事业单位的目标管理之中,做到与运输生产同步要求,与安全工作同步管理,与工作业绩同步考核。发挥领导干部和管理干部的道德示范作用,领导干部和管理干部严格自律自觉践行安全道德规范,以其高尚的个人品质、符合伦理道德准则的实际行动,对下属和员工起到先锋示范作用,引领民航安全道德规范的执行。

建立安全道德监督机制,通过组织监督、舆论监督群众监督,对民航管理部门、企事业单位和从业人员的安全道德行为及时做出反馈,通过道德评价,明确是非,为赏罚机制和教育机制提供依据。把安全道德纳入从业人员的考核体系,把从业人员的安全道德表现作为评优、晋职晋级、收入分配和劳务补贴的重要依据,以形成人人参与、维护良好道德氛围的局面。

建立安全道德激励机制,对安全道德水平高的给予奖励,对在安全道德上发生问题的予以惩罚,做到奖惩分明,有助于民航从业人员在一定程度上形成道德良知,在道德的情感体验中唤起道德责任感,从而获得正确的价值指向,把安全道德规范转化为趋善的自觉行为。

四、民航的持续安全理念

理念是人们基于把握事物本质与发展规律基础上认识问题、解决问题的思想基础与实践基石,对人们的认识与实践起着基础性与决定性作用。随着民航安全生产实践的发展,民航业在安全工作上提出了持续安全理念,作为民航安全工作的理论创新与升华,作为民航安全文化建设的重要突破与发展,作为民航安全生产实践的理论基石与指导,对民航安全工作将产生积极而有力的影响,发挥重要的理论引领与指导作用。

(一)民航持续安全理念的提出

民航的持续安全理念的提出,经历了一个思维不断创新、认识不断深化的过程。这一过程是一个由点到面、由浅到深由粗到精、由感性到理性的不断深化认识的过程、不断丰富内涵的过程、不断完善体系的过程。在这一过程中,可以更加深切地认识到,持续安全理念作为民航安全管理理念的创新,是在科学总结民航安全工作的成败得失、借鉴优秀民航的安全管理经验而提出并逐步发展起来的。

持续安全理念是在民航贯彻落实科学发展观的具体实践中逐步形成与发展的。持续安全理念,是围绕发展提出来的;民航科学发展,离不开安全发展;离开了安全发展,科学发展就成了无源之水、无本之木。持续安全理念,是围绕以人为本提出来的;持续安全为了人,是为了确保消费者生命财产安全和劳动者生命、健康安全;持续安全需要依靠人,需要民航从业人员去开展工作、提供保障。持续安全理念,是围绕全面协调可持续与统筹兼顾这一根本方法提出来的,民航业的安全运行是一个系统工程,涉及许多因素,既包括飞行、机务、签派、空管、油料、机场等业务因素,还包括安全政策、规章标准、管理机构等管理因素,还涉及政府、企业社会等多个层面,要保证民航业的安全运行,必须统筹兼顾,系统推进,和谐发展。

民航的持续安全理念是在总结汲取民航安全管理的经验教训基础上形成与发展起来的。民航安全管理经历了摸索管理、经验管理、规章管理三个阶段,积累了一些宝贵经验,如严格加强管理、更新安全管理理念、改进安全管理手段、完善安全管理组织体系、完善规章标准体系、重视科技的支撑作用、加强安全文化建设与安全教育、坚持开放与学习等。

此外,由于技术水平和物质条件的限制,民航安全管理工作还带有人治色彩,依法治安工作还有待加强,安全理念还不够先进,安全信息管理还较薄弱,安全文化建设还未得到足够重视。尤其是在安全管理模式上,安全管理的长效机制、主动管理机制与预先管理机制还不完善。针对民航安全管理中存在的问题,基于民航安全管理的经验教训,民航业提出了持续安全的理念,以建立保障安全的长效机制为抓手,转变安全管理模式,探索安全工作的新路子,实现持续安全长期安全。

保证航空安全是世界民航业的共同追求、永恒主题。世界各国不断探索保障航空安全的良方。在世界民航业发展早期,处理安全问题首先是从技术角度着手,主要通过技术创新解决影响安全的问题,稳步提高飞机及其他设施设备的可靠性与运行安全水平。之后开始从人为因素角度处理安全问题,注重提高人的素质,防止与消除人为差错,达到提高航空安全水平的目的。开始从组织机构的角度来处理安全问题,以全局的眼光认识和对待航空安全,强调系统管理,逐渐由被动的安全管理向主动的安全管理转变。

在世界民航业的安全管理历程中,积累了大量宝贵的经验,如注重中长期航空安全规划、开展安全信息收集分析和利用、加强航空安全的科学研究、注重国际交流与合作、注重安全文化建设等。尤其是在航空安全管理上,注重建设安全工作的长效机制,以保证安全措施的持续性和对重点安全问题的持续关注。民航业一直注重对外开放,积极加强与世界各国民航业的交流合作,在交流合作中不断学习优秀安全的理念、做法及宝贵经验。

(二)民航持续安全理念的特性

理念即理性概念。理性是指处理问题按照事物发展的规律和自然进化原则来考虑的态度,考虑问题、处理事情不冲动,不凭感觉做事情;概念是人们对事物本质的认识,逻辑思维的最基本单元和形式。理念即是人们在把握事物本质与发展规律基础上形成的对事物的基本认识基本观念,是人们认识问题、解决问题的思想基础与实践基石,是客观真理性的认识与主体价值观念的融汇,体现了客观必然性与主观目的性的辩证统一,是认识由理论向实践发展的中介环节。理念决定着人们的认识与实践水平。

民航安全理念是民航安全文化的重要范畴与组成部分,对民航安全生产实践起着基础性与决定性作用。民航安全理念就是民航员工在把握民航安全本质与发展规律基础上对民航安全的基本认识与基本观念,是民航员工认识安全对待安全、保证安全的思想基础与实践基石。

民航的持续安全理念是民航安全理念的重要组成部分,是民航安全生产实践的重要产物,是民航安全理论发展的重要结晶。持续安全是指行业的运行风险是可控的,要努力使行业安全状态保持总体平稳。这种安全状态具有持续性的特征,而不是阶段性或周期性的;这种状态下的安全水平是可以公众所接受的。民航的持续安全理念有着丰富的内涵与特性,主要包括以下方面。

1. 民航发展的安全性

民航的持续安全理念的核心目标是民航发展的安全性。航空运输的高空作业、高速位移等行业特殊性,对民航安全工作提出了极高极严的要求。民航一旦发生飞行事故,直接影响着民航事业的健康发展、持续发展。因此,民航业必须充分认识到,安全影响和制约发展,没有安全就没有发展,没有稳定、持续的安全就没有稳定、持续的发展;坚持安全第一的工作方针,把航空安全作为工作的重中之重,把航空安全摆在各级组织、各级领导甚至每个员工的首要议程,作为首要任务来抓,实现安全发展。航空运输是否安全,从某种意义上已经成为国家稳定、社会稳定的标志。因此,在民航工作中应该牢固树立持续安全理念,追求民航的安全发展,突出了行业特色,抓住了工作重点。

2. 民航风险的可控性

民航的持续安全理念的基本立足点是风险的可控性。从民航安全生产实践来看,民航业的安全风险是可控的,通过人的主观努力,掌握规律、加强管理,增强风险防控能力,认真汲取事故的教训,事故可以预防的,保证航空安全、实现持续安全是能够做到的。持续安全理念强调的就是要坚持预防为主的工作方针,将安全管理的重点着眼于行业的运行风险,通过不安全信息的收集与分析,通过对行业运行风险的识别、控制管理,前移安全防范关口,在不安全事件发生前就消除安全隐患,从而保证行业的运行安全、实现持续安全。这是一种主动的安全管理方法与安全理念,符合民航的实际情况和航空安全管理的发展趋势。持续安全理念的提出,倡导加强运行风险管理的理念,实施主动性安全管理,为安全生产实践奠定了崭新的理论基石,为如何进一步提高安全水平指明了方向。

3. 民航安全的持续性

民航的持续安全理念的基本要求是安全的持续性。安全管理是一个持续的风险管理过程,追求的是安全状态的持续保持,这种理念是民航安全管理理念的一次重大进步与飞跃。民航业提出了持续安全理念,目的在从指导思想、思维方式和工作方法上,转变安全管理模式,与时俱进,走出一条抓安全的新路子,建立保障持续安全的长效机制,使安全管理和安全监管工作更加常态化、规范化。

4.民航安全水平的可接受性

民航的持续安全理念强调在行业安全状态下的安全水平是可以为公众所接受的,实质上提出了航空安全的衡量标准就是安全水平的可接受性。这一理念的提出与倡导,是民航安全管理思想的一个飞跃。持续安全理念指出,安全是一种通过持续的风险管理,把行业运行的风险降低并保持在社会公众可接受的水平或程度,实现了由以事故率为主的安全水平评判转变为以社会公众可接受性为主的安全水平评判,这体现了对安全生产规律的认识,体现了以人为本的科学发展观,是科学的态度,是认识上的提高。

安全水平的可接受性这一衡量标准,在一定程度上对民航业是很苛刻的,一是安全水平的评判话语权掌握在社会公众手中,随着社会经济的发展、人民生活水平的提高,社会公众对安全的要求不断提高;二是航空运输业的机队规模和运输量都在高速增长,发生事故的概率会相应地提高。在这种情况下,要使民航的安全水平为社会公众所接受,其困难与压力可想而知。

(三)民航持续安全理念的践行

民航的持续安全理念,作为民航安全生产实践的理论基石与指导,关键在全面践行、全面落实,才能充分发挥先进理念应有的作用与价值。树立持续安全理念、实现安全发展是一个系统工程,要在加强理念体系、队伍体系、法规体系和责任体系等建设上做准备。要树立系统安全观念,践行持续安全理念,保障持续安全、长期安全,就必须系统地践行、全面地贯彻。

(1)加强规划体系建设,夯实持续安全战略基础。制定航空安全规划,是建立完善的安全管理长效机制的重要举措。航空安全规划是民航业制定的旨在指导和规范安全管理工作的指导性文件,一般为中期或长期的安全规划。

通过制定航空安全规划,确定未来一个时期内民航业的安全工作总体要求、基本原则目标任务、重点问题与主要工作,以及航空安全管理的发展方向,有助于保证安全措施的持续性和对重点问题的持续关注,增强安全管理工作的计划性与持续性、长远性,并持续加强规划管理,夯实持续安全的战略基础。

(2)加强理念体系建设,夯实持续安全思想基础。持续安全的理念主要靠牢固树立系统安全观念、过程安全观念、全员安全观念和统筹安全观念来支撑。系统安全观念,是指把安全作为系统工程,全面抓,系统抓,不能孤立地就安全抓安全。过程安全观念,是指关注过程,尤其是关注细节,防止整个安全链条在运行过程中出现薄弱环节,影响整个安全链条的稳定性和可靠度。

全员安全观念,是指安全掌握在每个入手中,安全没有局外人,保证安全,人人有责,从领导干部到普通员工都要做安全的主人。统筹安全观念,是指对构成安全的各个方面、各个部分,搞好综合平衡,协调发展,并且分门别类,突出重点,既防止顾此失彼,也防止不分主次和轻重缓急。

(3)加强法规体系建设,夯实持续安全制度基础。法规是行动的依据,民航在广泛宣传、严格执行现行法律、法规、规章、规定的同时,还要研究新情况,解决新问题,积极提出意见、建议,不断完善和出台新的法律、法规、规章和规定,做好法规体系建设上的工作,建立系统、完整的法规体系,确保航空运行及管理活动有法可依。

(4)加强队伍体系建设,夯实持续安全人才基础。人的因素至关重要,人是安全的主人。从全民航来说,主要是切实抓好飞行队伍、保障队伍(包括机务、空管、机场等队伍)、安保队伍和监管队伍。从航空公司来说,主要是抓好飞行、机务、签派和航空安全保卫队伍。要针对民航专业技术队伍存在的数量不足、素质不齐等主要问题,按照政治强、思想好、技术精、作风硬、纪律严的总要求,全面提高队伍的综合素质,教育他们爱岗敬业,恪尽职守,以确保持续安全为己任。

(5)加强责任体系建设,夯实持续安全组织基础。实现安全的关键在于落实责任,发生问题的教训也在于责任落空。主要是落实企业的安全主体责任、政府部门的安全监管责任、领导者的安全领导责任和员工的安全岗位责任。在落实责任中,除了强调层次管理,各尽其职,各负其责,还要强调互相监督,互相提醒,互相配合,互相帮助。

(6)加强科研体系建设,夯实持续安全的科技基础。航空安全的科学研究是保证航空运输业安全运行的重要保障与重要基础。要加强航空安全管理理论、方法和相关技术研究,重点解决对民航安全有重要推进作用的关键技术问题,建立科技支撑民航安全的长效机制。要加大安全管理的科研经费投入与人力投入,为科研工作提供有力的人力资源与经费保证。

(7)加强设备体系建设,夯实持续安全的物质基础。在民航安全管理的资源配备中,与安全保障和运行有关的设备和设施是不可或缺的物质资源与物质基础。在民航安全设备体系建设中,不仅要根据安全保障的要求,按标准或要求配备、更新和改造航空系统的设施设备,还要着眼于为了提高安全水平而合理采用先进的设施设备。

(8)加强信息体系建设,夯实持续安全信息基础。加强航空安全信息管理是航空安全管理由经验型管理向数据驱动型管理转变的必然要求,安全信息在未来的安全管理中发挥的作用越来越大。要建立信息收集系统,完善事故与事故征候报告制度,加强与改善安全信息的收集,并将信息及其分析结果与其他组织进行共享和交换,定期向行业和公众进行发布。

要建立信息加工分析系统,加强信息分析、挖掘,以识别航空运行中存在的安全问题与发展趋势,制定并实施积极的解决措施,用以指导安全生产实践,逐步向数据驱动安全管理转变,提高安全管理的科学性。

第三章　民航忠诚担当精神的继承与弘扬

忠诚担当是一代代民航人航空救国、民航强国的爱国思想的继承和发扬,是社会主义精神文明建设在民航行业的具体体现。本章重点探讨民航忠诚担当的体现与素质、民航忠诚担当的品格与作风以及民航忠诚担当的继承与弘扬。

第一节　体现与素质

一、忠诚与担当内涵

忠诚是指对所誓效忠的对象真心诚意、尽心尽力,代表着诚信、尽职和服从。荀子在《荀子·尧问》里讲道:"忠诚盛于内,贲于外,形于四海",寓指人们的内心信念与执着追求,重心向内,并通过特定的实践方式外化出来。忠诚,在历史文化传统中具有很高的地位,忠被看作最重要的道德规范。传统文化中"忠、孝、仁、爱、信、义、和、平"被称为八德,忠位于八德之首。忠不仅被看作个人的修身之要,而且被定为天下之纪纲,义理之所归。

人们对忠诚推崇备至的原因在于其重要性甚至超出生命的价值,成为整个人类社会所必需的精神品质。没有忠诚,就没有责任;没有忠诚,就没有凝聚。忠诚,是人类本性使然,是安身立命之本。因此,无论是一个组织、政党,还是一个国家、民族;无论是一个行业、单位,还是一个团队、个人,都很看重忠诚,忠诚成为倡导和推崇的价值理念。因此,这就更需要对忠诚有一个全面完整的认知,从历史、辩证和时代的角度,对其有更深层面的把握。

担当是为人之要,是成事之基,展现人格之美,蕴含着深刻的为人智慧和处事哲理,具体包括以下方面。

（1）担当彰显人格之美。有担当的人总是给人感觉可信、可靠，这些彰显的就是人格之美。人格之美主要体现在以下方面。

第一，道德担当为品行之美。担当的本质是责任，中华民族传统美德，强调的也是责任。如果没有责任心，就没有进取心，责任在这里等于担当。道德担当，就是为人处世中以德律己、以德待人，人格之美源于品德之美。

第二，事业担当为敬业之美。担当事业也就是敬业。敬业的人遵从集体，崇尚事业，饱含激情，富有效率。

第三，信念担当为执着之美。君子人格的核心就是一个志字。不忘初心、方得始终，传递着始终不渝、锲而不舍的执着精神。

第四，奉献担当为高尚之美。奉献之所以高尚，因为不求回报、不计得失；奉献之所以最美，因为无惧无畏、无私无我。正是那些勇于奉献的高尚的人，在每个历史关键节点，奉献担当，才有如今的美好生活，才有中华民族的复兴强盛。

（2）担当成就智慧人生。以辩证眼光看待担当，就会发现担当其实蕴涵着深刻的处世哲学和人生智慧，主要体现在四个方面：一是只有担当职责才能获得成长。事业上有所成就者，大多都有强烈的事业心和责任感以及锲而不舍的勤奋努力，这两点的有机结合，即为职责担当。二是担当失误才能凝聚人心。不管是团队还是个人，只有主动担责，才能凝聚人心，使团队勇往直前。三是担当危难才能超越自我。危难不仅是挑战，更是机会，是激发潜能、超越自我的良机。四是担当正义才能成就崇高。只要做到对正义的担当、对原则的坚守，必将得到社会最普遍的认同和支持，从而充满力量，让自己的精神境界和人生价值得到提升。

（3）担当承载时代使命。时代的呼唤需要担当，承载使命亦要担当。每个人都应该对所处时代和社会的发展进步担负起责任。一是担当的前提是明确使命。一个时代有一个时代的使命，一代人有一代人的担当。二是担当的关键是自身能力过硬。要敢追求、有志气，能付出、敢牺牲；要有淡泊从容的胸怀，懂感恩、懂珍惜，能吃亏、能吃苦；要有积极而为的作风；要有以身作则的要求，率先垂范，坚持原则，清正廉洁；要有应对自如的本领，善谋全局，解决问题。三是担当贵在身体力行。个人要言行担当，多实干少张扬，多奉献少索取。社会要崇尚担当，把担当作为选人用人的重要导向,对那些有勇作为、敢担当的干部,重点关注、重点使用。

担当精神的含义中,旗帜鲜明的政治立场和思想境界是基础;勇气和魄力是内在的驱动力,是担当主体的主观能动性;能力和素质是外在的执行力,是担当主体的客观限制性。有勇气而无能力,无法担当;有素质而无魄力,亦无法担当。

勇于担当,就是勇于负责,有想干事的进取精神、能干事的务实精神、干不成事不罢休的负责精神,以及干事而不出事的自律精神。勇于担当是一种高尚的道德品质,一种崇高的精神境界。只有勇于担当责任的人,才能集中精力,全身心投入,形成坚强的意志和品格;只有勇于担当的行业,才能凝聚人心、凝聚力量,才能被赋予更多的重任,才有资格获得更大的荣誉,赢得更多的信任,创造出优秀的业绩。

二、民航忠诚担当的体现

忠诚担当是社会主义核心价值观下的爱国价值最为直接的表述,忠诚担当是民航行业核心价值体系的方向引领,是民航行业文化积淀的优秀成果。一代代民航人始终保有一颗赤诚纯真的报国初心,坚持以航空报国、民航强国为己任,加强思想文化建设武装,锤炼过硬业务本领,严格安全规章和标准,积淀了深厚的民航行业文化。忠诚担当的政治品格正是通过民航行业文化中形成。当代民航精神所表述的忠诚担当之忠诚,体现在忠于祖国,忠于人民,忠于事业。

对广大民航从业人员而言,所谓忠于祖国,就是要把对党的绝对忠诚和对祖国的无限热爱统一起来,牢固树立中国特色社会主义的理想信念,心中有党,胸中有国;牢固树立政治意识、大局意识、核心意识和看齐意识,在大是大非面前保持政治定力,头脑清醒,旗帜鲜明。忠于祖国,还表现在对具体工作的认真负责,对日常言行举止的高度自觉。

对广大民航从业人员而言,所谓忠于人民,就是要对人民绝对忠诚,秉持人民航空为人民的指导思想和发展为了人民的理念,心中始终装有人民,时刻为人民着想,淡泊名利重事业,把全心全意为人民服务作为毕生的价值追求,把人民群众对民航的期盼和诉求作为民航事业奋斗方向和前进动力。

对广大民航从业人员而言,所谓忠于事业,就是对本职工作绝对忠诚。劳动与工作是人类社会产生和发展的前提条件,也是每一个有劳动能力的普通公民的基本义务,是一切财富的根本。对劳动的热爱,对工作的虔诚,常常会将自我从事的职业看成民族大业和国家大业的一部分,因而以此为乐,以此为荣。干一行,爱一行;爱一行,专一行;专一行,精一行。这是民航从业人员基本的职业道德,是践行工匠精神的应有之义,也是实现民航高质量发展的基本保障。

三、民航勇于担当的素质

担当重任不只是主观的意愿,而且要具有实在的能力。勇于担当需要具备以下素质。

(1)勇于担当需要有勇挑重担的魄力。担当考验胸怀和魄力,有怎样的魄力,才能有怎样的担当。民航人要担当好推进民航强国的历史重任,要用科学发展的视野和高度进一步超越自我,敢于登高望远,用全球眼光和战略思维,从长远和全局的高度谋划整个行业的发展。要担当好这一责任,不能一味计较行业、单位、部门或者个人自身的得失,满足一时成绩,习惯于故步自封,而是要把国家和人民的利益放在心中最高的位置,敢于承担责任和风险。

(2)勇于担当需要有承担事业的能力。要担当就必须有真才实学的本领和驾驭局面的能力。本领和能力是敢于担当的底气,并且直接关系担当的结果。对于推进民航强国战略来说,需要提高全体民航人的知识水平和工作能力,尤其是工作能力,它包括对新事物、新技术、新理念的学习认知能力,对工作全局的统筹协调能力,对复杂问题的处理能力。这些能力最终直接体现在实现担当的执行力上。民航人应自觉地加强学习,善于运用学到的知识武装头脑、指导实践、解决实际问题。做到知行合一、学以致用,增强工作的科学性、预见性、主动性,成为敢担当、能担当、会担当的优秀人才。

(3)勇于担当需要有百折不挠的毅力。担当者背负千钧、任重道远,非有坚强的意志难成其功。民航强国战略的推进不可能一帆风顺,可能会有很多意想不到的困难和问题,挑战面前最需要、最可贵的就是敢于坚持、敢于胜利,对工作必须以百折不挠的毅力和勇气向前推进。

（3）勇于担当需要有敬业奉献的精神。没有敬业奉献的思想做基础，在困难面前就容易后退，担当也就变成了空话。担当要有舍我其谁的气魄，舍我其谁，就是要敢于承担，有强烈的角色意识，这就需要所有民航人不避繁难、脚踏实地办好每一件小事、实事，在每一个细微环节上倾心尽力，精益求精，只为成功找方法，不为困难找借口。关键时刻，每一个民航人都要向前一步，不畏艰险、勇挑重担、全力以赴。只有这样的担当，才是真担当，才是人民需要的行业担当。

第二节 品格与作风

思想政治建设是统一思想、凝聚力量、坚持正确政治方向的重要保证，是做好民航事业的前提。以社会主义核心价值观引领思想政治建设是新形势下民航坚守思想阵地的现实需要。在民航行业核心价值体系建设中，行业精神是思想统领，解决的是精神动力和精神风貌的问题，是不可或缺的核心价值要素。忠诚担当的政治品格是社会主义核心价值观在民航行业的生动实践和现实体现，是民航核心价值体系的方向引领。

民航自成立时就肩负着为党分忧、为国增光、为民解难的行业使命，这是全体民航人一直遵循的前进方向。民航人的艰苦奋斗、无私奉献源自其报效祖国、服务人民的使命担当。秉持发展为了人民的理念，把国家和人民的利益始终放在首位，是民航人义不容辞的责任。忠诚担当的政治品格作为民航从业人员的首要必备素质，清晰地回答了民航从业人员应该为谁服务和如何服务的根本问题。只有这样，民航的建设、改革和发展才能找准航向。

一、做政治上的坚定者

讲忠诚，首先要敢担当。有没有担当，体现出一个单位或者个人的胸怀、气度和格局，决定着其职责的履行、作用的发挥、贡献的大小。民航工作直接关系党和国家的形象，直接关系到人民财产的安全，这就决定了全体民航人必须有清醒的政治头脑，树立和增强政治意识，坚定正确的政治方向；树立和增强大局意识，树立正确的大局观;树立和增强核心意识,巩固党的领导核心地位;树立和增强看齐意识,保持一致标准。只有增强这四个意识,才能更好地从思想政治上把握和处理民航的工作和问题,这是培养民航忠诚担当精神的首要途径。

做政治上的坚定者,要求民航人不忘初心、牢记使命,树立坚定的理想信念。面对问题敢于迎难而上,面对挑战敢于挺身而出,面对失误敢于承担责任。民航人的初心和使命是本和源的关系。民航人在重大运输保障等急难险重任务面前,秉持其航空救国、民航强国和发展为了人民的初心,无数次被检验并经受住考验,挺身而出、义不容辞冲在最前面,圆满完成任务,充分展现了民航人忠诚担当的政治品格,也是民航人不忘初心、牢记使命的表现。

除了听从召唤、服从命令,把国家和人民的利益始终放在首位,民航人忠诚担当的政治品格还体现在充分履行自己的社会职责上。民航人要永远忠于党、忠于国家和忠于人民,不负祖国和人民重托,敢于直面任何艰难困苦,问题面前不躲闪、挑战面前不畏惧、困难面前不退缩,能够担当任何急难险重任务,成为一支值得信任的、作风优良的战斗队伍。

二、做工作上的实干者

讲忠诚,其次要有作为。无论是单位还是个人,对国家、对人民、对事业都要绝对忠诚。要适应新常态、构筑新优势、创造新业绩,忠诚担当尤为可贵。要注重实践、注重实干、注重实效。在实现民航强国梦的征途中,做工作中的实干者,就要敢于担当负责、敢于负重拼搏、奋发有为,这是衡量对国家、对人民、对事业是否忠诚的标尺。

在全力以赴建设民航强国的进程中,民航各企事业单位牢记发展为了人民的理念,将社会责任融入自身发展实践中,在追求经济效益的同时,不忘实现社会效益,始终拼搏奉献,为党分忧、为民解困。祖国和人民的需要就是民航建设发展和机队飞行的方向。只有努力用真情打造民航服务品牌,才能真正扛起交通运输业的服务标杆的旗帜,才能真正让人民群众更加安心、放心、舒心地出行。

三、做作风上的守纪者

讲忠诚,最后要守规矩。对国家、对人民、对事业忠诚,在敢担当、有作为的同时,还要时刻心存敬畏、行有所止。既要有作为、善决策,又要讲程序、守规矩。

民航业作为国民经济的基础性产业,是社会主义现代化建设的一个重要领域;建设一个在世界上最有竞争力和最强大的航空运输体系,是实现中华民族伟大复兴的一个重要标志。发展民航业,并实现建成民航强国的宏伟目标,最根本的是靠人,尤其是有文化内涵的人。

建设过硬队伍,最关键的是把干部队伍建设得更加过硬,把关键技术和业务岗位的员工队伍建设得更加过硬,使其思想、政治、业务素质,作风和能力与其承担的重大责任使命相适应。要坚持不懈、毫不动摇地把包括航空安全在内的各项工作职责扛在肩上,这是民航干部职工对事业忠诚的现实考验。

民航安全和队伍建设是管出来的,管理者和被管理者都要守规矩。管就要坚持原则,管理一定程度上是对人的管理。讲严格,需要严在"格"上。所谓格,就是法律法规和规章标准。民航管理方面的格并不少,关键要形成严的环境。

建设一支过硬的队伍必须首先培养一种好作风,有怎样的作风,就有怎样的队伍,也就有怎样的工作效果。作风是一个人的世界观、人生观和价值观的具体反映。作为一个单位或部门,要坚决贯彻执行政治纪律,严守政治规矩,按照上级的部署要求开展工作,不搞特殊,没有例外。作为个人,要时刻自重自省、慎独慎微,以身作则,管好自己,影响他人,树立忠诚、担当、干净的良好形象,在纪律上做自重者。在工作中自律、在生活中自律。

安全监管是民航行业管理工作的重中之重,是民航政府职能的第一要责。民航安全监管队伍是实施监管工作的主力军,是确保民航安全的重要保障。对安全监管人员来讲,作风是其权力观、利益观和群众观的真实体现。加强民航安全监管队伍建设,当前特别需要提倡和培养三种作风:一是清正廉洁的作风。务必依法行政、公平执政、廉洁从政。二是严谨细致的作风。严谨,就要严格执法,严明执纪。细致,就要一丝不苟对待工作。安全监管必须明察秋毫。三是雷厉风行的作风。

发现问题就要抓,有了问题就要管。

忠诚担当的政治品格回答了民航从业人员应该为谁服务和如何服务的根本问题;作为民航从业人员的首要素质,它标定了民航的政治高度。民航全体人员要始终不渝地继续用这把标尺正身量体,这是大局,也是讲政治的体现。民航是一个技术密集型和资金密集型行业,面对多元化思潮,尤须坚定政治立场,不忘初心、始终坚持民航人的责任意识、忧患意识和大局意识。在实现民航强国梦的征途中,忠诚担当的政治品格仍将是民航每一个民航人忠贞不渝的政治品格,民航人时刻准备着接受祖国和人民的检验。

第三节　　继承与弘扬

忠诚担当,作为当代民航精神的政治素质表述形式,展示了民航人对党、国家、人民和事业尽心尽职,对历史使命和重大责任永不推脱的思想境界和政治品格。民航发展规模的不断扩大,反映的正是民航人用对党、对人民、对事业的绝对忠诚,担当起了航空救国、民航强国的责任和发展为了人民的崇高使命。

一、忠诚担当是民航事业发展的前提

民航发展至今,民航人始终做到以国家和人民的利益为重,服从和服务于国家战略发展的总体布局,从不计较部门或个人的得失。民航人所表现出来的围绕中心、服务大局、响应号召的高度责任感和历史使命感正是民航对党忠诚,勇于担当核心价值观的完美诠释,它使民航无论在交通运输领域,还是在社会上都树立了改革先锋模范的良好形象。

随着社会的发展、技术的进步,民航运输以其安全、快捷、通达、舒适的独特优势,在现代综合交通运输体系中发挥着越来越不可替代的重要作用。民航除了是交通运输业的重要组成部分外,同时也是确保国防和群众利益安全的可靠保障,更是抢险救灾、应对突发事件的生力军。民航人把发挥好这一职能作为自身履行社会责任、实施航空报国的方式和契机,祖国和人民哪里有需要,哪里就有民航的身

影。只要祖国和人民心之所系,天空中就有民航飞行的轨迹。

　　民航在抢险救灾工作中发挥着举足轻重的作用。一旦自然灾害严重破坏路面交通系统,民航就成为唯一有效的交通方式。民航在抢险救灾工作中全力以赴,战斗在最前沿。灾情就是命令,抢险救灾刻不容缓。每当重大、特殊、紧急的事件发生时,民航总是迅速启动应急响应机制,第一时间成立民航工作领导小组。在每次救援行动中,民航都以高度的政治责任感和担当意识,把人民群众的生命安全放在第一位,主动作为,恪尽职守,搭建运送灾区旅客和救援物资的空中保障线。

　　民航作为抢险救灾的生力军,在时间紧、任务重、单位时间运量大的情况下,屡次创造了大规模紧急调集民航运输飞机的新纪录。作为民航重要组成部分的通用航空,更是在地震救援中做出了突出贡献,地震带来的山体滑坡和泥石流,使直升机成为唯一可以运送伤员、空投物资的交通工具。为国家富强和民族复兴插上翅膀,为身处全球各地的中国公民保驾护航,民航始终牢记使命,用实际行动践行着忠诚担当的政治品格。

　　除了战略价值,民航担当了更多的社会责任。当祖国同胞在海外有难、急需国家救援之时,民航所执行的已不是简单的运输任务,而是国家行动。参与执行任务的各航空公司、机场、空管等保障系统的全体人员,紧密配合,步调一致,充分展示了民航人的使命担当精神。民航人为祖国赢得的荣誉,就是使命担当。

　　民航始终是海外救援中最坚实的力量。无数次急难险重任务面前,民航人责无旁贷、挺身而出,抢在最前沿、站在第一线,经受得住各种艰难困苦的考验。不论挑战多么艰巨,即使纵横万里,民航人也要捍卫祖国尊严,保障人民安全。这种把困难留给自己、将责任扛在肩上的担当精神,是民航人的优良传统,蕴涵着民航人航空报国、民航强国、使命担当高于一切的精神信念。在实现民航强国梦的伟大征程中,在紧要关头挺身而出,在困难面前永不低头、团结协作的行业品格和职业认知弥足珍贵,是宝贵的精神财富,应当在全行业大力弘扬和践行。

　　随着首脑峰会、高峰论坛、重大国际体育赛事和国际组织年会越来越多,成功圆满地做好此类重要国际活动的组织保障工作,事关国际形象。其中,民航作为这些重要国际活动的安全保障和运输保障的主力军,自然就成为最先和最后经受考验的保障部门。在考验面前，民航人胸怀全局、勇于担当，把安全第一和真诚服务作为一致追求，精心组织、团结协作，以大民航的高效运行和团结协作交出了一份精彩答卷。

民航把绝对安全和真情服务作为不可推卸的责任，扛在肩上、放在心里，付诸行动，带着真诚温暖的笑容，迎接五湖四海的来宾，成为向全世界展现的一张美丽名片。在保障安全的同时，民航人将真情服务落实到每个细节。

保障安全、真情服务是民航在重大活动中的庄严承诺，也是民航长期以来肩负的责任。全体民航人上下一心、团结协作，实现圆满完成重大活动的各项安全保障和服务工作，向世界展现良好形象。民航承接国家重大运输保障任务的历史与经验已经充分证明民航人的忠诚担当的政治品格，展示了民航是一支绝对让国家和人民信得过、顶得上、过得硬的钢铁队伍。

二、忠诚担当是民航飞行安全的保障

安全生产事关人民福祉，事关经济社会发展大局，是社会文明进步的标志，也是民航运输的永恒主题。民航运输安全是一个复杂的系统性工程，空中高速飞行的航空器所蕴含的风险一定程度上要高于其他载人交通工具。民航运输生产的高风险性决定了安全是民航赖以生存和发展的重要基础，坚持飞行安全是民航各项工作的前提和基础。其中，坚持飞行安全底线，就是要确保围绕飞行活动而开展的一切安全工作都万无一失，其中民用航空器运行安全是核心，地面运行安全和空防安全是保障。

民航历来重视安全生产运营，全行业牢记和践行安全第一的方针，始终把安全作为民航各项工作的前提。在长期实践中逐步形成了民航人对安全的敬畏和执着追求。回顾民航的发展历程，民航人始终表现出对祖国和人民生命财产强烈的爱护和尊重，对行业和事业的敬重与热爱，坚守着那一份义不容辞的社会责任和职业操守。

正是这种长期形成的以安全为己任的优良传统和底线思维，促进了以忠诚担当为核心的民航行业核心价值观的形成与发展。民航安全监管人员的责任意识和

监管技能不断提升,安全管理法律法规体系不断完善,从业人员安全理念和安全意识不断提升。这为民航行业发展实现持续安全夯实了基础。

民航安全监管队伍是民航领域的奉法者,监管人员的思想觉悟、责任意识、工作作风、业务水平直接关系着民航行政机关实施安全监管工作的效能,关系着民航行政机关的形象和威信,关系着人民群众生命财产安全。

民航安全监管涉及面既广且深,航空安全、飞行标准、适航审定、机场管理、空中交通管制等各监管领域既相对独立又相互影响。各地安全监管人员在监管手段、后勤保障、生活待遇等方面存在若干困难和问题的状况下,依然展示出民航安监队伍政治合格、业务精湛、纪律严明、作风过硬的职业风采。

防止劫持、破坏航空器以及制止任何人在航空器内从事或准备从事其他违法犯罪行为,是民航确保飞行安全的一项重要工作。民航采取了一系列措施,最大限度地保证旅客的生命和财产安全。安全是民航的基石。高度的敬业精神和责任担当是一名合格民航从业人员的必备素质。职业赋予了民航从业人员巨大的责任感,使他们清醒地认识到安全的重要性,明白责任的意义,并将这种责任的意义根植于心,外化于行,融入日常训练和工作中。

民航人既要树立坚定的理想信念,又要储备丰富的业务知识,还要掌握应对各种突发事件的技能。民航人在关键时刻挺身而出,履行对旅客安全出行的庄严承诺,展示了大无畏和勇于担当的精神。

三、忠诚担当在民航实际工作中的表现

在民航实际工作中,经常会遇到一些突发事件或旅客的投诉。面对这些特殊情况,不退缩,不逃避,积极主动地对待并有效地解决问题,体现出民航从业人员对工作忠诚、勇于担当的优秀品格。

民航服务人员由于每天接待的旅客不仅数量多,而且差别大。这些旅客来自不同地方,有着不同的职业、生活环境、经济条件、教育背景、性格习惯和饮食口味,因而对服务的需求也无法一致。在民航服务的实际工作中,没有固定、统一的服务模式可以遵循,必须因人而异。而且还要善于处理因自工作失误而导致的旅客

抱怨。

在民航服务工作中，再好的服务人员有时也会因工作的疏忽、行为欠妥、措辞失当或未能及时、全面地满足旅客的某种需要而使旅客感到不满。如果服务人员处理不当，就会激化问题，最终必将影响民航的服务质量和民航企业的形象信誉。

因此，民航服务人员必须学会妥善处理和解决问题的方法，以及怎样做好预防工作，避免各种意外的发生。这方面的素质与能力，已经越来越成为衡量服务人员水平高低的重要指标。如果在每一次服务工作中，服务人员都能做到按部就班、有条不紊，减少乃至没有无序现象，防止各种问题的出现并在问题出现时知道如何正确处理，那就能使民航的服务水平再上新台阶。

(一)有效应对各类突发事件

要想有效应对民航服务中出现的各类突发事件，就必须忠诚担当，树立正确的指导思想，具备良好的职业道德和公关意识，掌握丰富的业务知识，能运用高超的语言艺术。

民航服务人员应该勇于承担责任，敢于正视问题，才能最终解决问题。民航服务人员不仅代表自己，而是代表所在部门，甚至是整个民航企业整体，所以如果推卸责任，指责别人，那么就是在指向民航企业，把责任推给了企业，也就破坏了企业形象，所以应该提高警惕，做好服务，不能令旅客失望，也不能损害企业声誉，要以大局为重，随时准备去处理旅客的投诉。

积极抉择会使民航服务人员能很好地处理各种问题。不要害怕分担别人的错误，顾客也会明白及同情别人的处境。尽力把问题处理好，即时通知旅客、上司及同事，他们也会重视并给予帮助。

提供服务的速度要尽量快，服务的延误直接影响到服务质量，而且越是熟悉的顾客越应谨慎服务。有服务顾客的心，才能尊重顾客，照顾顾客，使其感到充满温暖，才是人性服务的精神所在。耐心、用心、专心加笑容满面，是服务最好的表现形式，也是使旅客认可服务人员与服务企业的条件。

优质服务的持续不断是每个民航服务人员的语言是开心的钥匙，也是人们相互间加深理解、加强交流的一个得力助手。优美、得体的语言，可以使人们消除误会、冰释前嫌。更重要的是,当碰到突发紧急事件和旅客抱怨时,民航服务人员可以借助具有高超艺术的语言来进行化解,使语言艺术成为化解旅客不满的有力武器。

作为民航服务人员,必须熟练掌握与民航服务有关的各种业务知识,既包括民航服务业方面的专业性知识,也包括其他方面的社会民航服务人员必须了解的本行业的各种规章制度、工作要求,掌握相应的技能技巧,懂得怎样有条不紊地做好服务工作等。只有具备丰富的专业性知识和其他相关的社会知识,才能很好地预防民航服务工作中可能发生的各种问题,并对已经发生的问题予以正确的解决。

要建立良好的人际关系,应先与顾客进行成功的沟通。必须有自我奖励的优良的人际关系,也就是自我沟通,通过自己的意识以及潜意识对话,取得相互认同、协商、共识,这是信心与能量的来源。让旅客高兴,他们就会选择航空公司,况且顾客也是最好的传声筒,让旅客替航空公司公关也是最好的免费的营销策略。聆听旅客的声音,关注顾客的倾诉,为错误负起责任,就会得到顾客的喜欢、尊敬和支持。这也是民航服务人员的服务手段。

微笑,是卓越服务的原动力,是人际交流的媒体。服务是一种艺术,为旅客的情绪负起责任,为民航企业负起责任,才是最好的民航服务人员。良好服务的先决条件就是对自我及工作要有十足的信心。

(二)正确看待旅客投诉现象

尽管民航服务人员千方百计地想为旅客提供尽善尽美的服务,但事实上无法避免因为某些工作上的差错或者旅客的误解,而导致旅客产生不满情绪,甚至引起旅客的投诉。对于旅客的不满和投诉,如果处理不当,将对民航企业的形象和声誉产生不良影响。民航服务人员如果想要正确处理旅客的不满和投诉,就必须正确看待和分析旅客的不满和投诉。

1. 投诉是旅客维护自身利益的手段

不论一家民航企业的经营管理多么完善,也不论民航服务人员怎样尽心尽力,要想在服务中使每一位旅客时刻都感到满意,恐怕也是难以做到的。事实上,乘坐飞机的环境、卫生，或是食品质量、服务人员的态度等，都会遇到旅客的投诉。即使是那些管理水平很高、服务很好的民航企业，也会遇到投诉。

当碰到旅客投诉时，服务人员根本不必惊慌失措，而应当保持平和的心态去面对。旅客产生不满并进行投诉，就说明民航企业的工作还有需要改进的地方。旅客的批评是出于对民航企业的信任和爱护，是支持民航企业工作的一种表现。反之，如果旅客看到或是受到不良服务时不向民航服务人员提出来，那么这位旅客不仅以后可能不会再乘坐该公司的飞机，而且可能会向别人宣传该公司的劣质服务，从而导致一部分潜在旅客的流失，这对民航企业来说无疑是更大的损失。

此外，旅客之所以产生不满情绪并进行投诉，也可能是由于自己的利益受到了损失。几乎所有的旅客都要求自己的消费能够物有所值。如果旅客认为在这里的消费不值，他就会感到不满意，并想通过投诉讨回他应该得到的东西。例如，民航服务人员的服务态度不好，使旅客的自尊心受到伤害，他就会投诉；乘坐飞机的设备设施出现问题，旅客没有享受到应有的舒适和方便，也会导致投诉等。因此，民航服务人员应该把旅客的投诉看作是旅客维护自身利益的一种手段。

2. 旅客的投诉会促进民航企业发展

旅客的投诉是对民航企业工作有所不满而发出的言语。这种言语很可能会使民航服务人员感到尴尬和不快。但从另一个角度来说，旅客的投诉对民航企业又是极其宝贵的讯息来源，能给民航企业带来莫大的好处。

具体而言，旅客投诉给民航企业带来的好处主要有两方面：一方面，旅客投诉可以突显民航企业在管理、食品及服务方面的缺点，从而使民航企业获得改正、提高的依据；另一方面，如果旅客的投诉能获得满意的解决，就会增加他们对民航企业的正确评价，降低对民航企业的负面影响。通常旅客对民航企业产生不满后未必都愿意表达出来。有些旅客可能当时不会明说，但当他们离开该公司后会把自己的不满散布出去就会对民航企业所造成的伤害是难以补救的。

所以，对于那些当面诉说心中不满的旅客，民航服务人员应予以善待，抱着感谢的心情倾听他们诉说，接受他们的意见，并迅速采取措施进行改正。无论是民航服务人员还是主管人员，都必须认清这样一个事实：旅客抱怨是民航业经营中可能经常碰到的问题,所以必须予以重视,应诚心地接受旅客的批评,并予以妥善处理。

解决得好旅客的投诉,会使民航企业获得一个改善、提高自己的好机会;解决不好则会使民航企业深受其害,形象和声誉受到损失。正确地处理旅客投诉,可以提高民航企业的服务质量。旅客来乘坐飞机,无非是想通过服务获得满足和享受他们的投诉,反映出民航服务人员在服务过程中有使他们不满意的地方。假如在投诉后自己的需求能重新获得满足,那么旅客还是会对民航企业抱有好感的。所以应对旅客的投诉,民航服务人员应本着旅客至上的原则,不要与旅客针锋相对地争论,即使旅客的投诉有误,也要说一声"对不起"表示歉意,并尽量运用语言技巧,用宽容的态度使旅客在情面上过得去。

对待旅客的投诉,民航服务人员要做到耐心、诚心、有礼貌。这样可以使大事化小、小事化无,有助于使复杂、棘手的问题变得更容易解决。在不降低服务标准的同时,民航服务人员应随时准备接受和处理旅客的投诉。如果可能,要向主管人员或部门报告旅客的投诉,这样会让旅客感到他们的投诉受到重视,因而会使抱怨减少而满意度上升。

3.厘清导致旅客不满情绪的原因

通常情况下,旅客不可能无缘无故地产生不满并进行投诉,其中必定有着各种各样的原因。导致旅客产生不满情绪的原因,大致可以分为以下两方面。

(1)不尊重旅客。这是民航服务中引起旅客不满的一个重要原因,其具体表现包括:服务人员招待旅客不主动、不热情、不周到;不注意礼貌服务,用不礼貌的言语冲撞旅客;不尊重旅客的风俗习惯;没有根据地怀疑旅客拿走飞机上的物品等

(2)工作不负责任。这里指航空工作人员工作时不认真、不细致,马虎了事,其具体表现为:工作不及时、不主动;清洁卫生工作马虎,食品、用具不干净;仪表不整、边工作边吃东西;忘记或搞错了旅客的要求;弄脏或者损坏旅客的物品等。

4.掌握旅客的服务需求与投诉心理

任何旅客,都是带着一定的需求来乘坐飞机的,而民航企业应该满足旅客的各种需求。当旅客觉得民航企业不能满足其需求时,就会产生不满情绪并发出抱怨和进行投诉。旅客的需求主要包括以下方面。

（1）对服务效率的需求。旅客在乘机的任一环节，都不愿尴尬地等待。如果等待的时间过长，而且没有航空服务人员过来关照，旅客就会产生不满。旅客不愿意等待，也不愿意由于意外情况被逼着急速地登机。

（2）对服务态度的需求。任何旅客对航空服务人员的服务态度都有一定的要求，航空服务人员的行为和态度，对旅客的服务心理及满意度影响很大。如果航空服务人员的态度不好，必然会使旅客感到不满。

在旅客的潜意识中，普遍有一种要享受服务的愿望，觉得服务人员需要为其提供服务，也有权享受提供的服务的心理。如果航空服务人员用友好、热忱的态度对待旅客，就会使旅客享受服务的愿望得到满足；如果服务人员缺少笑容，表现出不耐烦或对旅客的提问和要求不理会，则必会使旅客觉得没有享受到应得的服务。在服务过程中，任何一个小的服务过失，都会引发旅客的抱怨和投诉。

总之，当旅客的服务需求未能得到全面满足时，都会发出抱怨和投诉。对于民航企业来说，当然最好是在投诉尚未发生之前就做好各方面的工作，力争把产生投诉的可能性减小到最低程度，这是最佳的服务之道。这只是一种理想的状态。对任何民航企业来说，投诉几乎都是不可避免的。

为了有效应对、解决旅客投诉的问题，民航服务人员还必须了解旅客投诉时的一般心理。通常说来，旅客在投诉时有以下三种不同的心理需要。

第一，求尊重的心理。旅客在采取了投诉行动之后，都希望别人认同他的投诉是对的，他是有道理的，希望得到同情、尊重，希望有关人员、有关部门可以重视他的意见，向他表示歉意，并立即采取相应的措施。

第二，求发泄的心理。旅客在碰到他们烦恼的事情，或是受到被讽刺挖苦之后，心中会充满怨气与怒气，他们想要利用投诉的机会发泄出来，以维持他们的心理平衡。

第三，求补偿的心理。旅客受到一定的损失，希望能得到补偿，继而向有关部门投诉，这是普遍的心理。

总之，民航服务人员如果要想妥善处理好旅客的各种不满与投诉，就必须充分了解旅客的内心想法，才能对症下药，更好的处理好旅客的投诉，得到一个圆满的结果。

(三)处理旅客投诉的对策与步骤

面对旅客投诉,民航服务人员应该忠诚担当,保持沉着、冷静与平和的心态,有效运用处理投诉的一般对策,积极采取相应的措施,有条不紊地把旅客的怨气化解掉。

1.处理投诉的一般对策

对于旅客的投诉,民航服务人员一定要慎重对待,并且必须做到耐心倾听,弄清真相,同情旅客,诚恳道歉,恰当处理。

(1)对旅客的投诉耐心倾听,弄清真相,不急于辩解、反驳或埋怨;遇到别的部门旅客来投诉时,应当礼貌地接待,让旅客慢慢地讲,要耐心地倾听旅客心中有怨愤,让他们讲出来,发泄出来,旅客心里才会舒服。耐心,有时可以使一个情绪激动的旅客平静下来。耐心地倾听旅客投诉,也是为了能弄清事情的真相,以便可以恰当地处理。

有的民航服务人员在听旅客投诉时,急于去辩解和反驳,这样做的效果往往不好。因为旅客投诉的目的就是要求民航服务人员能接受自己的意见,而不是来听民航服务人员辩解和反驳的。因此,在旅客投诉时,民航服务人员的辩解和反驳可能只能起到反作用。旅客会认为服务人员的辩解是对自己的指责和不尊重,就越发受到刺激,问题反而不易解决。

因此,在听旅客投诉时,民航服务人员要耐着性子,听他们说完,在适当的时候最好再表示一下对旅客的同情,这样就容易使旅客平静下来,事态也能得到缓和控制。

(2)以诚恳的态度向旅客道歉。当旅客投诉时,民航服务人员一定不能置之不理或是与之发生争吵。有些民航服务人员认为旅客来投诉是因为有意和自己过不去,这种想法是要不得的。假设民航服务人员能各个方面为旅客提供周到的服务,一般旅客是不会来投诉的。而如果是因为民航服务人员的工作出现了差错,或者是旅客有误会,这时提出投诉是相信民航服务人员能处理好这件事,想请民航服务人员改进工作。

无论旅客投诉的动机如何,客观上是有利于民航服务人员做好工作的。如果一个人或一个单位不知道自己的缺点,就难以改进工作。因此,旅客的投诉对于提高民航服务质量是有帮助和促进作用的。另外,在接受旅客投诉时,一定不要简单地理解为是对某个人的指责。一些民航服务人员听不进投诉的原因,就是认为旅客是在指责自己,从而产生抵触情绪,这是不对的。

当旅客前来投诉时,民航服务人员应当以热情、诚恳的态度去接待他们,欢迎他们的投诉,倾听他们的意见,诚恳地向他们表达歉意。甚至有时可以请相关领导向客人道歉,这也是一种诚意的表现。如果民航服务人员能诚恳地道歉,旅客就会觉得民航服务人员重视了他们的投诉,尊重了他们的自尊心,为圆满地处理他们的投诉奠定了基础。

(3)区别不同情况,在旅客同意的情况下做出恰当地处理。对于一些明显是服务工作的错误,应当马上道歉,在征得旅客同意后,做出补偿等处理。征求旅客的同意是为了避免处理时不合旅客的意愿,反而会使问题复杂化。

而对于一些较为复杂的问题,在弄清楚真相之前,民航服务人员不应急于表态或处理。应当做到有理、有礼。有理就是清楚、明白地列出充分的理由来说服旅客;有礼就是要有礼貌,不能对旅客失礼,在征得旅客同意的基础上,做出恰如其分的处理。

2.处理投诉的具体步骤

处理投诉的具体步骤如下。

(1)不要与旅客争论、辩解。无论旅客是对航空服务人员还是其他方面进行投诉,当事人应该马上离开现场。一定不要与旅客争论不休,而是应该由民航企业的管理人员出面解决,以表示重视。

(2)认真地聆听。民航服务人员要详细地了解旅客投诉的缘由,认真听取旅客的诉说,让旅客感到民航企业重视他们提出的问题。民航企业方面还应该对旅客投诉的事情予以承认。

(3)真诚地道歉。在了解了旅客投诉的缘由时,民航服务人员要表示出同情和歉意。在听旅客诉说的时候,要温和地注视着旅客,并不时地点头,同时向旅客表达理解,例如"对此感到非常抱歉""非常理解您现在的心情"等。

(4)立刻采取措施。明白了旅客投诉的事情之后,要立刻采取措施。民航企业方面负责出面解决问题的人员,应该有权力对投诉的问题立即进行处理,同时把采取的措施与具体内容告诉旅客,让旅客知道民航企业方面对此事的态度,从而减轻旅客的不满,使旅客对民航企业产生信任。

(5)表达感谢旅客的批评指教。旅客无论是基于何种心理去投诉,在客观上都起到了帮助民航企业改正缺点、改进工作、完善服务的作用,因此,要向旅客表示真诚的谢意,感谢他们的提醒与建议。

(6)将补救的措施立即付诸行动。了解清楚旅客的投诉情况后,要果断采取补救措施,视情况对旅客予以补偿。制定了措施后,还要立即贯彻执行,付诸行动。拖延不决只会引起旅客更大的不满,旅客可能会认为民航企业缺乏诚意。抓紧时间和提高效率是对旅客的最大尊重,否则旅客是不会满意的。因此,补救措施一定下来,就立即去实施。补救措施实施后,要尽快再次征求意见,询问旅客的满意程度。

(7)要积极地落实、监督、检查对旅客的投诉的具体解决措施。处理旅客投诉并要获得良好的效果,其中最重要的一步便是落实、监督、检查已经采取的纠正措施。有良好的监督机制,才能确保正确的补救措施得以真正地执行;否则,补救措施制定得再完美也无用。

(四)常见突发紧急事件处理方法

在民航服务中,有时会碰到一些突发的紧急事件。尽管这类事件发生的概率很小,但一旦发生,如果处理得不好,就会产生极其严重的后果。因此,民航服务人员以及各级管理人员都必须对处理此类事件的方法有所了解,忠诚担当,以防不测。

1.旅客丢失财物的情况

机场、飞机等地方是公共场所,并且进出的人多而复杂,难免会发生失窃现象。

为了防止旅客丢失财物现象的发生,当旅客乘坐飞机时,航空服务人员应当热心地、适度地提醒旅客,注意看管他们的财物。

在旅客的整个旅行过程中,航空服务人员应经常提醒旅客注意保管好自己的财物。旅客丢失了财物,航空服务人员应表现出同情与关心,尽量帮助旅客查找,一定要让旅客感到航空服务人员是在尽力诚心实意地帮自己。

如果旅客丢失了财物,一时没有找到,航空服务人员应问清旅客当时所在的具体位置等相关情况,并且当着旅客的面登记备查,或是通知有关部门帮助协查寻找。经过寻找,一时仍无着落的,可以请旅客留下联系地址和电话号码等,以便一有信息可以及时通报。

有的旅客因丢失物品,难免会对民航企业的环境或是航空服务人员产生怀疑,有时旅客甚至当场说些不合适的话,作为航空服务人员,应该从同情和理解的角度出发,坦诚相待,不急不恼,认真查找,以自己的实际行动来替旅客排忧解难,这样,便会化解旅客的愤怒,有助于事情的解决。

2. 发现旅客偷拿物品的情况

乘机场所用于服务的用具,其款式和做工一般都比较精巧别致,有些旅客可能会出于好奇而擅自拿走。当民航服务人员发现了旅客偷拿用具时,一定不能大声张扬,也不能生硬地让旅客当场把偷拿的物品交出来。民航服务人员若是强行命令旅客,就很容易把事情弄僵,有时甚至会扰乱正常的服务秩序。遇到此类问题时,民航服务员应讲究策略和方法,巧妙地解决问题。

3. 发现旅客损坏物品的情况

民航企业为旅客提供服务时,难免会遇到损坏物品这类事情,当这种事情发生时,民航服务人员应该妥善处理。绝大多数的旅客损坏物品都是不注意所致,并非故意破坏。

发生了物品损坏的情况,民航服务员应视情况进行处理:①民航服务人员要收拾破损的物品。②民航服务人员要对旅客的失误表示同情,不要指责或批评旅客,使旅客难堪。③要视具体情况,根据民航有关财产的具体规定,决定是否需要赔偿。如果损坏的是一般易耗品,可以告诉旅客不需要赔偿;如果损坏的是较高档的物品,需要赔偿的话,服务人员要根据财产的价目表,酌情请旅客赔偿,并开出正式的现金收据。④遇到有的旅客由于饮酒过量而失态,造成物品的损坏,这时不仅要让醉酒者照价赔偿,而且还要收罚金,进行惩罚性警告。

4. 发现旅客突然病倒的情况

旅客在旅程中,任何意外都有可能发生,突然病倒就是其中一项。遇到旅客突然病倒时,民航服务人员应按照以下方法处理。

第一,保持镇静。对于突然发病的旅客,服务人员要保持镇静,首先要打电话通知急救部门,采取一些可能的抢救措施。

第二,如果旅客昏厥或是摔倒,不要随意搬动旅客。如果觉得旅客躺的地方不安全,可以用屏风把病者围起来。

第三,当旅客突然病倒时,航空服务人员不要当着旅客的面,随意判定,随便下结论,也不要自作主张地给旅客使用药物。

第四章　民航严谨科学精神的继承与弘扬

实事求是、严谨科学,作为当代民航精神的基本内容之一,是民航各类专业技术活动的立足点和出发点,是民航各类专业技术活动自身的客观需要,也是民航各类专业技术活动取得成功的唯一途径。本章重点探讨民航严谨科学的必备素质、民航严谨科学的品格与作风以及民航严谨科学的继承与弘扬。

第一节　必备素质

一个健康的可持续发展的事业需要科学精神的引领。民航是一个高科技和高风险并存的行业,安全与风险交织,发展与困难同在。航空运输是一项有计划、有组织的技术活动。以航空器为核心的民航业,技术保障体系繁多而庞杂,不仅有机场方面的场道、值机、安检等环节,还有航空公司的机务、地勤、签派等部门,也有空管的通信导航监视、气象,情报、管制等专业等,它们之间环环相扣、节节相连,共同致力于民航的飞行安全和航班正常运行。民航这种高精尖的行业特征决定了其需要系统、严谨、务实的科学精神给予支撑。

一、严谨科学内涵

科学是运用范畴、定理、定律等思维形式反映现实世界各种现象的本质的规律的知识体系。科学要发现人所未知的事实,并以此为依据,实事求是。至于规律,则是指客观事物之间内在的本质的必然联系。因此,科学实质上就是建立在实践基础上,经过实践检验和严密逻辑论证的,关于客观世界各种事物的本质及运动规律的知识体系。

所谓科学精神,就是在长期的科学实践活动中形成的、贯穿于科研活动全过程的共同信念、价值、态度和行为规范的总称。科学的价值和使命在于追求真理、造福人类,这也正是科学精神的真谛;由科学精神派生的科学的理性精神,要求科技工作者以有利于社会为原则约束自己的行为;由科学精神派生的科学的实证精神,要求科学研究必须以唯真求实为原则,经得起实践检验。科学精神的内涵包括:求真精神,实证精神,进取精神,协作精神,包容精神,民主精神,献身精神,理性的怀疑精神,开放精神等。

严谨,一般形容态度严肃谨慎,细致、周全、完善,追求完美。严谨细致是一种工作态度,反映了一种工作作风。严谨细致,就是对一切事情都要有认真、负责的态度,一丝不苟、精益求精,于细微之处见精神,于细微之处见境界,于细微之处见水平;就是把做好每件事情的着力点放在每一个环节、每一个步骤上;就是从一件一件的具体工作做起,从最简单、最平凡、最普通的事情做起,特别注重把自己岗位上的、自己手中的事情做精做细,做得出彩,做出成绩。科学严谨的态度、开拓创新的精神和求真务实的作风是一个人能够有所成就的关键因素。科学严谨的态度,可以成就伟大的事业和精彩的人生。

工匠精神是指工匠不仅要具有高超的技艺和精湛的技能,而且还要有严谨、细致、专注、负责的工作态度和精雕细琢、精益求精的工作理念,以及对职业的认同感、责任感、荣誉感和使命感。工匠精神的特征主要表现在五个方面:执着专注、作风严谨、精益求精、敬业守信、推陈出新。

工匠精神是一种职业精神,它是职业道德、职业能力、职业品质的体现,是从业者的一种职业价值取向和行为表现。工匠精神落在个人层面,就是一种严谨精神、科学精神、创新精神、敬业精神。工匠精神的核心是树立对职业敬畏、对工作执着、对产品负责的态度,极度注重细节,不断开拓创新,不断追求完美和极致,给客户无可挑剔的体验。将一丝不苟、精益求精的工匠精神融入每一个环节,提供有口皆碑的真情服务,做出打动人心的一流产品,是民航人践行严谨科学专业精神的终极目标。

二、严谨科学是民航必备素质

科学和严谨有良好的组合性。科学是方法,是手段和方式;严谨是作风,是操作与落实。严谨的态度是科学的态度,严谨的精神是科学的精神。民航的发展得益于严谨科学的专业精神。

严谨科学既是专业精神,更是行业风格。基本建设提质增速,真情服务便民贴心,国际合作多点突破,通用航空稳步前行,深化改革聚焦合力,科技进步步伐加快,这些成就的取得,正是民航严谨科学的行业风格的生动展现。

民航人严谨的工作态度和行事风格不是一蹴而就的,而是来自平时科学的培养和训练。民航是一个技术和风险高度并存的行业,离不开各类专业技术人员的付出。安全,一直以来都是民航工作的重中之重。安全工作涉及范围广、环节多、链条长;飞行、空管、飞行签派、机务维修及保障、机场运行管理等诸多环节中的任何一个疏忽,都可能导致不安全事件的发生。在这些环节上,只是做到合格是不够的。要防止不安全事件的发生,就必须防止安全隐患,也就是必须在每个工作环节上精益求精、追求细致和完美。

飞行人员操作飞机用最佳姿态飞行,是严谨科学的工匠精神的体现;机务人员的螺丝钉拧得恰到好处,是严谨科学的工匠精神的体现;空管人员指挥用语更精练、准确,也是严谨科学的工匠精神的体现。其中,飞行人员(驾驶员、领航员、飞行机械员、飞行通信员)作为民航运输最为关键的技术人才,也是民航运输最直接、最基本、最重要的力量。一架飞机载着几十至几百名旅客飞在高空,需要当机飞行人员处谨小慎微,他们的业务技能的高低,直接决定着民航运输任务的飞行品质和社会声誉,影响着一个航空公司甚至整个民航行业的生存和发展。

一名航校毕业刚参加工作的飞行员,最后要晋升为一名合格的机长,通常需要经历一系列严格的训练和一级一级严苛的升级考核。然而,升为机长并不是飞行员的终极考验,为不断提高飞行技能,适应各类机型和新技术,飞行人员的在职培训紧而又紧,每年都要接受地面和空中的考核,飞行人员严谨细致的养成需要不断地训练。对管制员来说是一样的,从学校毕业再到一个成熟管制员,每年都要经过各类培训,经过各类的考试,经过雷达模拟机的复训,通过平时严格的训练来养成严谨优良的作风。

作为服务性质的行业,民用航空运输在综合公共运输体系中发挥着不可替代的作用。每一张机票的背后,都需要地服人员、管制人员、机务人员、配载人员等许多不同岗位、不同专业的民航人在台前或者幕后为之付出努力,他们的工作,同样需要严谨的工作风格。

第二节 品格与作风

科技强国,民航先行。民航强国建设构想为民航科技发展搭建了更为宽广的舞台;新一代信息技术与产业的融合发展趋势,为民航新技术、新模式与新业态的发展提供了动力。严谨科学的专业精神是不断推进民航事业发展的最强动力之一。

一、尊重科学,求真务实

求实的基本内涵是尊重科学、追求真理。求实精神是科学精神中最重要的基础。其中,科学求实体现的是实事求是、调查研究的求实精神。实事求是、求真务实既是一种科学精神,也是一种工作作风,还是一种人生态度。

民航的高度专业化和精细化的特点决定相关规章出台需要严谨科学、安全监管、飞行作业、管制指挥、航行情报、气象预报、机务维修、配载服务安全检查等都需要严谨科学。只有把每一项工作落实到位,将每一件事做具体,将每一个细节把握好,才能不出差错,确保飞行安全。

不忘初心,牢记使命是全体民航人的不懈追求。遵从初心,离不开严谨科学的专业精神的支撑。做事谨慎,能使志向更加坚定,说话谨慎,能使德行更崇高。机务工作艰苦,但容不得一点差错。无差错地完成各项重大航空运输活动与所有重要任务的机务保障,是民航人严谨科学专业精神的最好体现。

民航发展离不开民航人的万众一心,也离不开民航先锋们的创业精神。在民航这个关乎国计民生的特殊行业里,责任对于民航人来说不仅是一种意识、一种素质,更是一种担子、一种使命。安全责任、服务责任高于一切。责任感是民航人做事立身的基本条件和美德,责任心是民航事业运行、发展的基石。责任就是担当,就是不畏困难,勇挑重担,就是敢于负责,负责到底。高度负责,勇于担当,不仅是民航人应有的素质要求,更是严谨科学专业精神的具体体现,是广大员工内化于心的自觉行为。

二、学习科学,自主创新

民航强国建设是一个既近又远、既难又可实现的奋斗过程。高质量发展是坚持质量第一、效益优先,以供给侧结构性改革为主线,推动质量变革、效率变革、动力变革的发展。实现民航高质量发展,根本基础是坚持安全第一,坚守安全底线;核心要义是从重规模向重质量转变,重效益向重效率转变。要推动民航改革和结构调整,实现提质增效、高质量发展的目标,离不开忠诚担当的政治品格、团结协作的工作作风、敬业奉献的职业操守,更离不开严谨科学、锐意创新的专业精神。

民航人对航空报国、自主创新的初心和使命从未放弃。需要坚持以建设民航强国为目标,以民航安全保障为导向、科研开发为龙头、技术创新为突破口、产品质量为主线的方针,使民航企业逐渐步入规范化、科学化的管理轨道,发展成为一支具有雄厚技术力量,用国产技术装备保障民航安全的科研队伍。

坚持以科技创新为中心,以自主研发为重点,以服务民航为目标,以深化改革为动力,牢牢抓住民航基层一线需求,扎实打牢发展基础,认真苦练创新基本功,争取为民航的科技创新做出更大的贡献,是民航一代代科研技术人员的信念与追求。新技术的诞生,在促进民航业大发展的同时,也对全行业提出了更高的要求。广大从业人员需要以更强的责任心、更严谨科学的态度和作风来掌握和应用新技术,使民航发展得更快、更稳、更安全、更高效。

三、统筹安排,团结协作

民航是一个专业化程度较高、系统性和综合性很强的行业。民航内部各个部门,各种专业,密切联系,相互依赖,共同组成一个有机整体。民航各项工作要正常运转,只有在各个部门、各个单位、各个集体协作的基础上才能实现。

在一个完整的过站航空器的保障作业流程中,通常要经过指挥落地、滑行人位、轮档/锥筒摆放、廊桥/客梯车对接、客舱门开启、过站放行检查、航油加注、电源气源设备提供、货舱门开启、客舱清洁、配载及舱单上传、餐食配供、污水作业、清水作业、航行资料提供、机坪监管、航空器监护、货舱门关闭、客舱门关闭、廊桥/客梯车撤离、航空器除冰雪、轮档/锥筒撤离、牵引车对接、航空器推出/开车、滑行起飞、管制移交等 20 多个环节,任何一个作业环节都由不同部门或者岗位的从业者分别甚至同时提供,如果没有科学统筹的安排,没有相互配合协作,就有可能导致航空器保障作业延误的后果。

在航空货运保障作业流程中,通常要经过货物的收运、过秤、安检、入库、保管、舱单制作、配载和货物组装、出库、地面运输、装卸、交付等各个环节,如果不科学统筹安排、相互配合协作,就有可能发生货物错运、漏运或其他问题。

民航工作的性质和特点,决定了民航内部各单位、各类专业技术人员在团结协作和密切配合问题上,比任何其他部门或职业要求更严,标准更高,而且还具有经常性、广泛性、持续性等特点。因此,民航全体从业人员,特别是广大专业技术人员,必须树立全局观念,服从组织安排,发扬协作精神,这是民航核心价值体系的重要内容。

航班正点率作为民航整体运输质量的反映,一直是社会公众关注的焦点,这是一项综合性指标。航班正点率是空管、飞行、机务、运输、地勤等各个部门协调合作、全体人员共同努力的结果。如果某一个部门、某一个环节上发生一点差错或者一丝一毫的疏忽,都可能扰乱正常工作秩序,造成航班延误。

协同决策系统、机场协同决策系统的建设运行是民航各单位服从大局、统筹安排、协调配合,共同打响航班正常保卫战的有力举措。协同决策系统运行是建立在空管、航空公司和机场三方协同的基础之上,因此培育协同文化,倡导协同意识非常重要。必须统一资金、统一管理、统一规范、统一开发、统一培训、统一运行。

研发具有自主知识产权的移动研发平台,对于民用航空安全具有重大意义,是民航加快科技创新,实施民航强国战略的具体体现。作为一项集多种先进技术综合开发而成的高科技产品,移动研发平台的研发规模大、难度高、牵涉范围广,从项目提出到最终通过行业审定,都凝聚了多方的智慧与心血,体现了严谨科学的当代民航精神的内涵：协作、开拓、创新。

四、夯实基础，弘扬精神

安全是民航的基石。强化"三基"，即基层、基础、基本功建设，是解决当前民航安全问题和短板的治本之策，是坚守飞行安全底线思维的关键所在。三基建设不是一句口号，是一个严谨的系统工程。

抓基层，关键在抓作风、抓协同、抓诚信。作风是基层保安全的标尺，协同是基层管理安全的纽带，诚信是基层安全的通行证。打基础，核心在抓政策、抓规章、抓保障、抓防范。决策要科学、理性，规章要实用、易懂，保障要全面、可靠，防范要系统、精准。需要苦练基本功的从业人员包括：专业技术人员、监管人员和各级领导干部。苦练基本功在于抓专业技术人员的资质、技能和职业道德，抓监管人员的监管制度、技术和效能，抓领导干部对安全的忧患意识和风险防范心理。唯有用严谨科学的精神和态度夯实三基，飞行安全的底线才真正有了坚不可摧、牢不可破的基础。

民航三基建设需要工匠精神的引领。民航人的工匠精神是职业能力、职业道德、职业品德的体现，其中包含严谨认真、精益求精、追求完美等要素。工匠精神既是对文化的传承，也是科学的创新；工匠精神是在传统基础上不断创造新工艺、推广新技术的过程，是传承与创新的并存。

在民航三基建设进程中，分布在不同岗位的许多民航人，以一种对自我负责、对社会负责的态度，将三基建设、劳模精神和工匠精神融于日常工作，树立起严谨科学、精益求精、追求卓越的职业精神。

严谨科学的专业精神，其内涵既包括了当代民航人履行好本职工作所必须具备的专业技术技能，又体现了当代民航人为建设民航强国所必备的学习科学、尊重科学、实事求是、自主创新、精益求精的工作态度。严谨科学的专业精神体现了当代民航人围绕民航事业的科学发展、安全发展的路径和方法选择，展示了当代民航人运用聪明才智去完成民航强国战略目标的正确实践道路。在实现民航强国梦的进程中，全体民航人都需要继续坚持严谨科学的专业精神，攻坚克难、创新图强、勇往直前,为民航强国梦而努力奋斗。

第三节 继承与弘扬

民用航空运输在综合公共运输体系中发挥着不可替代的作用,与其他行业相比,民航是一个高投入、高技术、高风险的行业,航空安全事关人民群众的生命财产安全,事关社会稳定,事关国家声誉。为了实现民航安全,民航人始终把严谨科学放在工作首要的位置,并将其作为立业之本。严谨科学已成为民航人最显著的思维特征和行为习惯,它固化在所有民航人的思想里,落实在行动中,其内涵不断深化,外延不断拓展。

一、行业管理需严谨科学

起草相关法律法规草案、规章草案、政策和标准,推进民航行业体制改革工作,这是中国民用航空局机关最主要的一项职责,也是民航各相关单位规划、建设、运行、改革、发展等方面的主要依据和标准。民航运输的系统性和复杂性决定了中国民用航空局作为行业主管部门,在行业市场规制的顶层设计过程中必须有求实、认真、严谨、科学的专业精神,必须要经过反复的调查研究、反复的研讨论证、持续的修订完善,只有这样的市场规制和顶层设计,才能经得起实践和时间的检验,才能真正促进行业的健康可持续发展。

调查研究是做好科学决策的前提。这就要求在调查中做到真实准确、客观公正,去伪存真,由表及里,深入基层、深入现场、深入群众、掌握大量的第一手资料,要有实事求是、认真负责的调查态度,艰苦细致的调查作风。借助调查研究,掌握真实情况,探究规律性,为科学决策提供依据和参考。

法规标准和政策的出台需要严谨科学的调研和论证,法规标准和政策的落实与监管同样需要严谨科学的精神和态度。安全监管是民航行业管理工作的重中之重,是民航政府职能的第一要责。民航安全监管队伍是实施监管工作的主力军,是确保民航安全的重要保障。民航安全监管队伍在监督检查民航各单位对规章条例的落实情况时,更要周密安排,细致扎实,深入基层,面向一线,解疑释惑,化解困难,以严谨科学的专业精神,将行业管理的成果落地生根。

二、飞行安全需严谨科学

科学高效、务实严谨、规范细致是确保飞行安全的关键,是民航人的精神特质。作为行业主管部门,中国民用航空局一直以积极主动、扎实高效的态度,严守飞行安全底线思维,从法规标准制定、安全资金投入、人员资质管理、监察队伍建设等方面,抓严、抓细、抓实民航安全工作,着力解决安全管理中的新问题,旨在为民航强国建设提供高质量的安全保障。中国民用航空局每年召开的年度航空安全工作会议,就是研究和部署全行业安全工作的专题会议,其目的是对上一年度的重点安全工作进行回顾与总结,明确下一年度的安全工作的基本思路和目标任务。

飞行安全,空管是关键。空管作为民用航空运行体系的中枢,在建设民航强国中担当着举足轻重的角色,是保障民航飞行安全的重要支柱之一。为了保证飞行安全,提高运行效率,航空运行的空间需要划分为各类空域,用以规范航空器的运行行为。以管制为例,管制分为塔台管制、进近管制、区调管制。通常,塔台管制负责的是机场区域内 0~600 米高度以及在地面上滑行的飞机;进近管制负责 600~6000 米高度上的航班;区调管制负责进近高度以上至 13000 米范围的指挥业务,这是飞机在巡航阶段的指挥。

飞机在空中飞行,是划分高度层的,一般以 300 米为一个高度层,共设 13 个高度层。每架飞机必须在管制员的指挥下,严格按高度飞行。高空管制指挥除了在垂直方向上划分了高度,水平方向上还划分了若干区域。这个区域的管制员完成指挥后,就迅速移交给下一区域的管制员,中间无间断,因此又被称为无缝隙管制,零距离服务。

正因为参与空中交通管理服务的部门很多,分工很细,部门与部门之间、管制员与管制员之间、管制员与飞行员之间的配合与默契就显得格外重要。无论是飞机从到达机场空域,还是到最后驶入停机位,背后都是管制员之间严谨的态度和默契的配合。管制员的每一个指令、每一句话都事关安全,不能疏忽。

三、运行保障需严谨科学

民航是一个高科技和高风险并存的行业,安全与风险交织,发展与困难同在。以航空器为核心的民航业,技术保障体系繁多而庞杂,有机场方面的场道、值机、安检等环节,有航空公司的机务、地勤、签派等部门,也有空管的通信导航监视、气象、情报、管制等专业,它们之间环环相扣、节节相连,共同致力于民航的飞行安全和航班正常。在这烦琐而又庞杂的技术保障体系中,更离不开相关人员的严谨科学的精神支撑。

在空管管制指挥过程中,为缓解空域拥堵,减少航班延误,合理规划管制扇区数量和空域结构,是保障航空安全、缓解航路拥堵、减少与提高空域容量和航空运输效益的重要基础。在一个管制空域内,扇区怎么划,划多少,是一个重大难题和课题。划得少了,扇区内飞机流量增大,管制负荷运行风险增大,可能引发不安全事件;划得过细过密,有造成人力物力资源浪费。对此,专业机构和专业人员需要反复调研,科学比对,在充分掌握一手资料的基础上进行扇区划设。这些都需要科学依据,合理安排,精心设计,实时调整。

在航空器保障过程中,载重平衡是航空运输地面保障的关键环节,作为负责航空器载重平衡的重要岗位,配载员需要以一丝不苟、严谨科学的作风,为航班的安全正点运行提供有力保障——舱单。舱单上的数据对航空器的飞行安全至关重要。为了实时监控航班,配载部门需要24小时值班,每一个配载员都是优秀的设计师、发明家。每一架飞机在起飞前,都会有一张相应的装载平衡表与之相配。

在飞机起飞前的3个小时左右,配载员会收到从货运部门发来的航班装有货物、邮件重量的数据,配载员需要根据不同机型舱位分布的不同,结合该航班旅客座位的分布,将旅客、行李、邮件、货物以及油量数据神奇地融合在一起,输入生产系统中。在保证飞机旅客和全部货物、邮件、行李的装载处于安全平衡范围内时,配载员会将分配合理的装机单传送给现场部门,由现场装卸部门将货物、邮件和行李装载在飞机不同的舱位。配平值会直接影响机组的操作,起飞重心决定着飞机起飞和降落平衡的状态,业载表示飞机能装多少旅客和货物,一旦出错就有可能造成航班隐载。

在保障安全的同时,配载员要尽可能地为旅客出行舒适安全考虑,为旅客提供最佳的座位选择,争取最宽裕的行李提取时间。配载员的工作,除了理论培训和系统操作外,还要靠前辈手把手教导。以言传身教的形式,教授手工画图和使用系统来绘制载重平衡图表。配载员通过每架航班的配平来锻炼对飞机重心数据的敏感程度,在实操中不断锻炼自己,提高自己对配载工作的认知,经过日复一日应对各种突发情况的锻炼,最终成长为一个经验丰富的配载员。

虽然配载员每天都在不为旅客所知的幕后工作,但他们时刻关注着旅客的动态。航班延误,由于天气导致大面积航班不能按时起飞,旅客增减、行李重量和件数变更,货物的舱位调整、机组要求多加油量,各种不可预料的情况都会发生。配载员们严把安全关,将飞机的平衡控制在最佳状态,及时将计算准确的载重平衡图表送交机长,以确保飞机正点飞行。

一个优秀的配载员要考虑的是在安全的前提下飞机如何省油,位置如何搭配,怎样转载更多的货物,如何确保飞机的重心在规定区域内。不同于民航其他岗位,他们每个人都要熟悉所有机型,并掌握手工制作舱单的技术,他们肩负着航班安全的重责。

机务维修是民航生产运行链条的关键基础环节,也是一项高度专业性和技术性的工作,机务维修工作质量的高低直接影响着飞行安全。坚守安全底线,提高机务维修质量和水平是关键。机务维修专业划分细之又细,责任落实到岗到人,每一个作业步骤都有相应的制度和操作规程,这些工作既有科学的安排,也有严格的操作。对飞机检测的内容、时间要科学安排,做到既保证安全,又提高效率;检测过程,则要严谨细致,一丝不苟。因此,航空机务更需要严谨科学的精神。机务人员通常需要具有各种专业的技能,既能熟练地完成修理和工程工作,又理解适航条款,同时还能够完成飞机维修计划的制定,以及航材、工具设备的筹备等原本需要多种不同专业类型的人员才能完成的工作。

四、技术创新需严谨科学

科技教育是支撑民航事业持续快速发展的基石。民航业发展到今天成为技术性和专业性极强的行业,离不开科技教育的支撑。广大专业技术人员分布在民航大舞台的各个角落,共同为全行业的高速发展贡献力量。

民航强国,科技先行。民航的快速发展,催生了许多新技术,而新技术的发展又推动了民航的进步,正向循环,相得益彰。随着机场信息系统集成技术、行李自动分拣技术、场面移动引导控制技术、无线射频识别技术、空管自动化控制技术、航空化学应用技术、机场弱电系统设计技术及适航检测技术等的研发,这些科技成果先后在民航空管、机场、航空公司等领域的单位广泛应用,为民航众多的重大建设项目和生产运行提供技术保障服务,取得了显著的经济效益和社会效益,为民航的建设和发展做出了重要贡献。

建设民航强国是几代人的梦想。老一辈民航人艰苦奋斗、科学严谨的精神激励着一代又一代的后人。如今技术条件和生活条件都得到了极大改善,老一辈民航人身上拥有的许多优良品德、创业精神和工作作风。民航业特有的文化得到了良好的保护和传承。

五、人员培养需严谨科学

(一)民航服务人员的情绪培养

1. 情绪的分类及作用

民航服务人员是民航的形象代表,其情绪状况直接影响他们的身心健康、人际交往和工作效率,从而对服务质量产生重大影响。情绪是人对客观事物的态度和体验,是人的需要得到满足与否的反映。情绪是人对客观现实的一种反映形式,但不同于认识过程。认识过程是人对客观事物本身的反映,而情绪则是反映客观事物与火的主观需要之间的关系。需要是人的情绪产生的根源和基础。

当客观事物能够满足人的需要时,就会使人产生积极的情绪;反之,当客观事物不能满足人的需要时,就会使人产生消极的情绪。人类的需要是多种多样的,既会需要,既有物质需要又有精神需要,涉及各个方面多样的情绪。因此,严谨科学的对民航服务人员的情绪进行了解并培养,对民航工作的顺利进展有很大的帮助。

（1）给情绪的分类，主要包括以下方面。

①根据情绪体验，可以分为基本情绪和复合情绪。基本情绪包括喜、怒、忧、思、悲、恐、惊七种，复合情绪是这几种基本情绪的叠加。根据需要是否得到满足，情绪可以分为以下方面。

第一，当需要得到满足时，情绪表现为积极情绪（喜）。喜是一种愉快、高兴的情绪，由于需要的满足有助于人的生存和发展，可不再为之操劳、奔波，因而安宁、愉快、喜悦的心情便自然流露出来。此外，人的情绪还明显受到个性倾向的制约，凡是与人的需要、兴趣、理想、信念相符合的事物都会产生愉快、满足和喜悦的情绪和情感，表现出欢迎、接纳的态度；反之，则会产生失望、不安等不良情绪，并拒绝、抵制与此相关的事物。

此外，人为了生存除了必须得到衣食住行等生活资料外，还需要精神生活，如学习、文化娱乐等。因此，凡需要能够得到满足时，人就会表现出喜悦的情绪。

第二，当需要得不到满足时，情绪表现为消极情绪（愁、忧、怒）。如果生存的需要无法得到满足，就必然会影响人们的生存和生活，也就会引起心理的波动而产生不好的情绪反应。当人的社会性的精神需要得不到满足时，将产生同样的情绪反应。

由此可见，情绪由人的需要决定，当人的需要得到满足时，会产生积极的情绪体验；反之，人的需要一旦无法得到满足，便会产生消极的情绪体验。

②依据情绪活动发生的强弱程度和持续时间，可将情绪划分为心境、激情和应激三种典型的基本情绪状态。

第一，心境。心境是一种比较微弱而持久的情绪状态，具有弥漫性的特点，影响着人的整个精神状态，并且在一段时间内，使周围的事物染上同样的情绪色彩。例如，喜悦的心情往往会使人感到心情舒畅，办任何事情都顺利。而悲伤的心情则会使人感到工作枯燥乏味。

一般而言，心境持续的时间较长，从几个小时到几周、几个月或者更长时间，主要是取决于心境的各种刺激的特点与每个人的个性差异。而且个性差异对这种心境也会带来不同的影响。抑郁质的人会助长这种郁闷的心境，而胆汁质的人可能会减缓这种心境。良好心境对民航服务人员的工作、生活、学习以及健康都有很大影响。积极、良好的心境会使人振奋、提高效率、有益于健康,而消极、不良的心境会使人颓废、降低活动效率、有损健康。

第二,激情。激情是人的一种迅速强烈地显露而时间短暂的情绪状态。在激情显露时,经常伴有明显的外部表现,如面红耳赤、顿足捶胸等,有时候甚至会出现痉挛性的动作或者言语混乱。激情发生主要是由生活中具有重要意义的事件引起的。

此外,过度的抑制和兴奋,或者相互对立的意向或愿望的冲突也容易引起激情的状态。激情有积极与消极之分。积极的激情会成为激发人正确行动的巨大动力;而消极的激情常常对机体活动具有抑制的作用,或者引起人过分的冲动,使人做出不适当的行为。

第三,应激。应激是指人们在出乎意料的情况下所引起的情绪状态。例如,当人们遇到突然发生的自然灾害时,人的身心都会处于高度紧张的状态之中,此时的情绪体验就是应激状态。民航服务人员应该对应激状态下旅客的帮助有所了解。

在应激状态中,要求人们迅速判断情况,瞬间做出选择,同时还会引起人们机体一系列明显的生理变化,比如心跳、血压、呼吸、腺体活动以及紧张度等都会发生变化。适当的应激状态,使人处于警觉状态之中,并通过神经内分泌系统的调节,使内脏器官、肌肉、骨骼系统的生理、生化过程加强,并促使机体能量的释放,可以提高活动效能。而过度地或者长期地处于应激状态之中,会过多地消耗身体的能量,以致引起人的疾病。

人在应激状态时,一般会出现两种不同的表现:一种是情急生智,沉着镇定;另一种是手足无措;有些人甚至会发生临时性的休克等症状。在应激状态下人们会出现何种行为反应是与每个人的个性特征、知识经验以及意志品质等密切相关的。

(2)情绪的作用,主要包括以下方面。

①生存的工具。在日常生活中,人们用微笑表示友好,通过移情和同情来维护人际关系。好的情绪起着促进社会亲和力的作用;而恐惧情绪则使人回避危险,以保证自身安全。可见,情绪可以使人们更好地适应环境。

②行动的力量。情绪的动机不仅体现为生理需要的放大,而且它在人类有目的行为和意志行为中也发挥着重要影响。兴趣、好奇会促使人们主动去探索复杂的现象,即使有时屡遭失败也能顽强坚持,希望能够成功。

③监测的系统。情绪是人脑内的一个监测系统,对其他的心理活动有重要影响。这种影响体现为促进和瓦解两方面。一般而言,积极情绪对活动起协调、组织的作用;消极情绪则起瓦解和阻断的作用。

人们的行为经常被当时的情绪所支撑。当人处在积极乐观的情绪状态时,会倾向于注意事物美好的一面,对人态度和善,乐于助人,并勇于承担责任;而当处于消极情绪状态时,人会产生悲观意识,失去希望与追求,更易产生攻击性行为。因此,民航服务人员在工作中要保持良好的情绪。

④交流的方法。人类在没有获得语言之前,正是通过情绪信息的传递而协调彼此之间的关系以求得生存的。情绪是一种独特的非语言沟通。它通过面部肌肉的运动、身体姿态、声调的变化来实现信息的传递。情绪所携带的信息是对语言交际的重要补充。在许多情境中,表情能消除语言交流中的不确定性,成为人的态度、感受的最好注解;而有时在一些不方便言语的场合,人们可以通过情绪而了解信息,可见情绪传递信息的重要性。

(3)情绪、情感的区别和联系。情绪和情感,在心理学上统称为感情。情绪和情感是人们对客观世界的一种特殊的反映形式,是人们对客观事物是否符合自己需要的态度的体验。由于人类心理体验的复杂性,因此对情绪和情感做出严格区分是困难的,只能从不同的侧面对他们加以说明。

①情绪、情感的区别。情绪通常是与生理需要相联系的体验。例如,由于民航旅客对于饮食的需求而引起满意或不满意的情绪等。情绪具有情境性、冲动性和短暂性,而情感具有稳定性、深刻性、持久性。

情绪经常由某种情境引起,一旦发生,冲动性较强,不容易控制,外显成分比较突出,表现形式带有较多的原始动力特征。时过境迁,情绪就会随之减弱或消失。情感具有稳定性、深刻性、持久性,是对人对事稳定的态度体验,始终处于意识的控制之下,且多以内隐的形式存在或以微妙的方式流露出来。

②情绪、情感的联系。情绪与情感的联系是很紧密的,这主要体现在以下两个方面。

第一,情感依赖于情绪。人先有情绪后有情感,情感是在情绪的基础上发展起来的,而且情感总是通过各种不断变化的情绪得以表现,离开具体情绪,人的情感就难以表现和存在。

第二,情绪同样依赖于情感。情绪产生的不同变化,一般都受个人已经形成的社会情感的影响。例如,在民航优秀岗位条件比较艰苦,民航服务人员受高尚情感的支配,可以克服许多常人难以想象的困难,让自己的情绪服从于情感。

在现实生活中,人的情绪与情感是难以彼此分离的两种心理现象。就大脑的活动而言,情绪与情感是同一物质过程的心理形式,是同一事物的两个侧面或两个着眼点,是相互依存、不可分割的,有时甚至可以相互通用。

2. 健康情绪对民航服务人员的积极影响

(1)健康情绪的标准包括以下两点。

第一,情绪稳定性好,表达方式恰当。情绪健康的人能通过语言、仪表和行为准确表达情绪,既能克制约束自己的情绪,又能在合适的场合里适度地宣泄,不过分压抑自己,使情绪的表达符合社会规范的要求和自身的需要。

第二,情绪反应适时适度。情绪反应是由一定的原因引起的。人的喜、怒、哀、惧等情绪是有性质、强度和维持时间的,应该与引起这种情绪的原因和情景相符合。

第三,积极情绪多于消极情绪。情绪健康并不否认消极情绪存在的合理性,但健康的情绪,一般应该是愉快的情绪体验多于不愉快的情绪体验,而且所出现的消极情绪时间短、程度较轻,不涉及与产生消极情绪无关的人和事。情绪健康的个体一般表现为乐观开朗、充满热情、富有朝气、自得其乐,对自己、对生活充满信心和希望。

(2)健康情绪对民航服务工作的积极影响,主要表现在以下方面。

第一,健康的情绪可以促进民航服务人员的身心健康。当人的情绪处于健康状态时,是轻松、愉悦的,身体内部各器官的功能十分协调,有益于身体健康。此外,情绪除了与免疫系统密切相关之外,还与不健康的行为方式、心理适应、求医行为及社会支持有一定的关系,而这些都是决定一个人身心健康的重要因素。因此,健康、积极的情绪是保持心理平衡与身心健康的条件,而身心健康又是保证航空服务质量的前提条件。

第二,健康的情绪可以促进民航服务人员的人际交往。健康情绪表现为精神上的愉快和情绪上的饱满,使人充满自信心,使人保持乐观的人生态度、开朗的性格、热情超然的品质,从而使人能正确地认识、对待各种现实问题,从容地面对和化解人际交往中的各种问题,创造出良好的人际关系。

第三,健康情绪可以提高民航服务人员的服务质量。健康情绪可以拉近与旅客的心理距离。一般而言,当旅客与航空公司建立服务关系时,因为陌生,相互不了解对方,会感到一定的紧张和不安,进而产生戒备心理。而航空服务人员的良好情绪,如轻松愉悦、乐观振奋,不仅使自己处于一种良好的工作状态,而且还会感染服务对象。因为拥有良好情绪所流露出来的真实而真诚的笑容,可以在不经意间化解对方身体上和精神上的紧张和不安,使人感到信赖和安全,拉近彼此之间的心理距离,建立起和谐信赖的服务关系。良好服务关系的建立,是提高服务质量的首要条件。航空服务人员能否为旅客做到体贴服务,也是旅客选择航班与航空公司的重要因素。

健康情绪可以缓解旅客的旅途疲劳。航空服务人员的健康情绪状态可以通过表情,特别是轻松愉悦的笑容传达给旅客,给旅客以安全感和振奋感,有利于消除旅客长途旅行的疲劳及孤独等消极情绪。

健康情绪可以化解旅客的不良情绪。航空服务人员的健康情绪状态,一是可以让带着不良消极情绪登机的旅客得到提醒:现在是在开始一个新的旅程,从而使旅客意识到要对自身情绪进行调整;二是在服务过程中,需要规劝旅客的错误,婉拒旅客不合理的要求。处理与旅客的纠纷时,航空服务人员的健康情绪所释放出来的热情和真诚,可以有效地化解旅客的不愉快情绪,从而赢得旅客的配合和理解。

健康情绪可以营造良好的航空服务心理氛围。良好的航空服务心理氛围,是指航空服务的情景符合旅客的需求和心理特点,航空服务人员之间、旅客之间以及二者相互之间的关系和谐,使旅客产生了满足、愉快、互帮、互谅等积极的态度。积极饱满的情绪是营造良好航空服务氛围的重要因素。航空服务人员要懂得以积极乐观的情绪,主动热情地创造良好的航空服务心理氛围,激发自己的工作热情和兴趣,提供贴心、周到的服务,提高航空服务的效率和质量,使旅客和自己都获得精神上的满足。

3. 不良情绪对民航服务人员的消极影响

(1)不良情绪会损害航空服务人员的身心健康。凡是不能满足人们需要的事物,都可能引起人们的否定态度,并产生消极的、不愉快的情绪。这些都是与消极情绪状态密切联系的。因此,从某种意义上说,消极情绪是一种对人体心理的不良的紧张状态,经常会因过分地刺激人的器官、肌肉及内分泌腺而损害人的健康。这种情绪一方面是人的肌体为适应环境而做出的必要反应,能动员机体的潜在能力;另一方面,会对肌体的健康产生十分不利的影响。

经常、持久地出现消极情绪所引起的长期过度的神经系统紧张,往往会导致身心疾病,如神经系统功能紊乱、内分泌功能失调、免疫功能下降,最终可能转变为精神障碍或其他器官的疾病。

(2)不良情绪会影响航空服务人员的人际交往。人际关系是一种建立在心理接触基础上的社会关系。一个人的心理健康水平直接影响其人际交往的功效。如果一个人在认知、情感及性格方面都存在问题,必然会给他的人际关系带来负面影响。

不同的情绪和情感影响着人们相互喜欢的程度。而负面情绪则会影响一个人的言谈举止。当一个人不能有效地驾驭这些负面情绪时,就会妨碍与他人之间的沟通。航空服务人员如果不能很好地管理自己的不良情绪,就可能会影响工作人员之间及工作人员与旅客之间的良好人际关系的建立。

(3)不良情绪会影响航空服务人员的服务质量。带着消极情绪工作的航空服务人员,以及因长期困扰于消极情绪而导致出现心理问题的航空服务人员,是不可能为旅客提供良好服务的。不良情绪会影响同事之间的沟通,而沟通不畅就会直接影响到彼此之间的工作协调性,从而降低工作效率。

不良情绪会破坏服务关系的和谐。不良情绪困扰航空服务人员,使之很难与旅客建立起良好的服务关系,而良好关系的建立和维持,是保障服务质量的重要因素,甚至是首要因素。不良的心境不但会影响航空服务人员与旅客的情绪和心情,甚至还会引发问题。所以,不良情绪如果得不到有效控制,将会直接影响民航服务的质量。

4. 民航服务人员的不良情绪调节方法

人的不良情绪主要有两种:一是过度的情绪反应;二是持久的消极情绪。不良情绪会危害人的身心健康。一方面,不良情绪的出现可能会使人的心理活动失去平衡;另一方面,不良情绪会造成人的生理机制紊乱,导致各种疾病的发生。民航服务人员调节不良情绪的方法,包括以下方面。

(1)转换认识的角度。现实中,人们的许多情绪困扰并不一定是由事件直接引起的,而是由经历者对事件的非理性认识和评价所引起的。如有些人在遇到不顺心的事情后,往往会以偏概全,或把事情想象得糟糕透顶,过分夸大后果。因此,主动调整认知,换一个角度去重新看待发生的事情,纠正认识上的偏差,就可能减弱或消除不良情绪。民航服务人员自觉地、比较积极地从另一个角度重新思考,这是消除不良情绪的一个有效的方法。

(2)积极的自我暗示。自我暗示是运用内部语言或书面语言的形式来自我调节情绪的方法。暗示对人的情绪乃至行为有奇妙的影响,既可用来松弛过分紧张的情绪,也可用来激励自己。如民航服务人员在交际技巧缺乏等情况下,要使自己振作起来,就要克服消极的心理定式,进行积极的自我调整和改变。此时积极的心理暗示是很有必要的。要努力挖掘自己的长处及优点,在很多情况下此法能驱散忧郁,使自己恢复快乐和自信。

(3)合理的宣泄。情绪的宣泄是平衡心理、保持和促进心理健康的重要方法。不良情绪来临时,不应一味地控制与压抑,而要懂得适当地宣泄。当过度痛苦或悲伤时,放声痛哭可能会比强忍眼泪要好。因为情绪性的眼泪和别的眼泪不同,它含有一种有毒的生物化学物质,会引起血压升高、心跳加快和消化不良等不良症状。

通过眼泪，把这些物质排出体外，对身体会有利。尤其是在亲人和挚友面前的倾诉，是一种真实感情的宣泄，哭过之后痛苦和悲伤就会减轻许多。

（4）学会幽默。幽默是可以消除不良情绪的有效工具。当遇到某些无关大局的不良刺激时，要避免使自己陷入被动局面或被愤怒的状态，最好的办法就是以超然洒脱的态度去应付。此时，一句得体的幽默话，往往可以使愤怒、不安的情绪得以缓解。幽默是智慧和成熟的象征。学会幽默，乐观地面对生活，才能使自己快活起来，成为真正的强者。

（5）求助他人。不良情绪仅靠自己调节是不够的，还需要他人的疏导。可以找一个亲人、好友或可以信赖的人倾诉自己的苦恼，求得别人的帮助和指点。在很多情况下，一个人对问题的认识是有限的，甚至模糊的，得到旁人的指点可能会豁然开朗。即使他人不发表意见，仅是静静地倾听，也会使自己得到很大的满足。他人的理解、关怀、同情和鼓励，是自己心理上的很大安慰。尤其是遇到人生的不幸或严重的疾病时，更需要别人的开导和安慰。将自己的忧愁和烦恼倾诉出来，不但会保持愉快的情绪，而且会增进人际交往，令自己感到自己在爱的怀抱中。

（二）民航服务人员的意志培养

意志是指一个人自觉地确定目标，并根据目标来支配、调节自己的行为，克服各种困难从而实现目标的心理过程。意志是在一定的思想动机的支配下产生的，而正确、高尚的动机则来源于崇高的理想、坚定的信念和科学的世界观。在人的行为活动过程中，行动的目的是克服一切困难的力量源泉，目标越正确、崇高，就越能激起克服困难的力量。

意志行动是人类所特有的，是在人类认识世界和改造世界的需要中产生的，也是随着人类不断深入地认识世界和更有效地改造世界的过程中得到发展的。例如，服务人员为了提高服务的质量而刻苦学习，工人为提高生产效率而忘我劳动，运动员为了祖国荣誉而顽强拼搏，科技工作者为了科学技术事业的发展而刻苦攻关等，都是意志行动。

意志是人们为了实现预定目标而自觉努力的一种心理过程。在民航服务工作中，做一件好事并不难，但是，民航服务人员如果要做到时刻为旅客着想，没有坚强的意志品质是很难办到的。由此可见,意志具有明确的目的性,是与人们克服困难的坚韧性相关的,是以脚踏实地的具体行动为基础的。

在民航服务工作中,意志品质可以鼓舞民航服务人员根据某个动机来确定活动的目的,并选择实现这一目的的方式。因此,对于民航服务人员来说,要想在复杂的工作环境中,把自己锻炼成一名优秀的工作者,就需要不断地克服由各种主客观因素造成的各种心理问题,需要不断发挥自己的主观能动作用,增强自己的意志品质。

(1)培养民航服务人员有较强的自觉性。有坚强意志品质的人一般具有自觉支配自己的行动和努力实现既定目标的特点。首先,一名自觉性较强的民航服务人员,如果立志提高自己的服务水平,就可以在意志品质的监控、调节下,自觉地支配自己的行动,始终坚持地为提高自己的业务技能水平而努力奋斗,而无须别人的督促;其次,具有较强自觉性的服务人员还能正确地对待自己听取得的成绩与进步,虚心学习别人的长处,改正自己的不足,用于克服各种困难,战胜各种挫折。

(2)培养民航服务人员有果断的意志品质。果断是指一个人善于根据情况变化,迅速采取相应措施的意志品质。具有果断性的民航服务人员,在处理工作过程中出现的各种问题时,能够反应机敏、判断迅速、勇于负责,并且处理的结果比较稳妥。同时,对于工作中碰到的各种问题,他们还善于权衡利弊、全面考虑,并恰到好处地利用一切可以利用的条件,不失时机地做出恰当的处理。因此,培养民航服务人员果断的意志品质,也是维护企业声誉、提高民航服务质量的重要手段。

(3)培养民航服务人员有较强的自制力。自制力是一种对个人感情、行动的约束能力。自制力较强的民航服务人员善于控制自己的情绪,谦让、忍耐,不论与何种类型的旅客接触,无论发生任何问题,都能做到镇定自若,善于把握自己的言语分寸,不失礼、失理于人。民航服务人员遇到困难和繁重的任务时不回避,能克制、调节自己的行为,对于工作不挑拣,自觉遵守纪律、诚实守信。反之,冲动型民航服务人员,容易感情用事,做事情不计后果。

(4)培养民航服务人员有坚忍的意志品质。自制力是民航服务人员对指向自我的内在障碍的一种克制能力的意志特点,而坚韧性则是针对外部障碍所产生的一种锲而不舍的意志特点。

　　具有坚韧意志品质特点的民航服务人员，通常可以坚持学习，逐步掌握各种必备的业务本领，不断提高服务水平，成为业务尖子。有这种品质的民航服务人员，通常还会不断训练自己对外界环境的适应能力，始终保持旺盛的服务热情，时刻满足旅客的需要，成为一名优秀的工作者。

　　如果缺乏坚忍的意志品质，民航服务人员就难以对付外部环境的变化，难以在复杂的服务环境中取得好的成绩。因此，为了磨炼自己具有坚忍的意志品质，民航服务人员在日常的工作、学习中一定要有明确的工作目标和努力方向。这样，目的性越强，行动越坚决，排除外界干扰的能力才会越强；否则，立志无常，遇难而退，就会造成意志品质的薄弱，对自身的发展有很大的限制。

　　总之，民航服务人员的意志品质是在不断克服自身和外部环境的各种阻碍中逐渐形成和发展起来的。为了在实践活动中逐步磨炼自己的意志品质，培养适合职业发展和时代要求的意志品质，民航服务人员在自己的思想、行为及个性心理方面，应科学严谨、努力把工作目标同健康的心理发展、积极的价值观念联系起来，努力把对人对己的正确认识同积极的情感联系起来，锤炼一种谦虚谨慎、坚韧不拔的进取精神和意志品质。

第五章 民航团结协作精神的继承与弘扬

民航取得举世瞩目的成就,是一代代民航人团结一心、协作发展、无私奉献的写照。团结协作,已经成为民航行业的基本形态和鲜明特征。本章重点探讨民航团结协作的本质与作用、民航团结协作的品格与作风以及民航团结协作的继承与弘扬。

第一节 民航团结协作的本质与作用

团结协作是指建立在利益、目标一致基础上的思想和行动的统一以及感情上的和谐。团结协作是一个历史范畴。自从人类社会出现以来,人们要以集体的力量去改造社会,这就有了团结协作的社会要求。团结协作不仅是人类生存的基本法则,更是人类幸福生活的基础所在。

团结,指为了集中力量实现共同理想或完成共同任务而联合。协作,指劳动协作,即许多人在同一生产过程中,或在不同的但互相联系的生产过程中,有计划地协同劳动。对一个组织而言,协作是指为实现预期的目标而用来协调员工之间、工作之间以及员工与工作之间关系的方法。协作能创造出一种比单个战略业务单元更大的收益,即实现协同效应。总之,为了实现共同的目标,充分友情地利用组织资源,集中团队共同的力量短时间内完成个人难以完成的任务是协作的主要优点。

团结就是力量,团结协作是人类共同的智慧结晶,是贯穿中华文明的一条红线。团结协作作为中华民族的传统美德,是做好一件事、一项工作的根本。中华民族能历经千年,靠的就是这种以团结协作为代表的民族精神。一个国家,团结协作可以长盛不衰;一个单位,团结协作可以健康发展;一个家庭,团结协作可以和谐美满。所以,无论是对于国家、单位、家庭,还是对于个人,团结协作都是极其重要的。

换言之,团结协作是做好任何一件事情、一项工作的基础和根本。

所谓团队精神或团队意识,多指组织成员对组织感到满意与认同,自觉地以组织的利益和目标为重,在各自的工作中尽职尽责,自愿并主动与其他成员积极协作、共同努力奋斗的意愿和作风。

和谐,是植根于东方文化的一种独特价值追求。和谐,是指人与自然、人与人、人与社会那种特别协调、恰到好处的状态。和谐即配合得适当、和睦协调。和谐是对立事物之间在一定的条件下具体、动态、相对、辩证的统一,是不同事物之间相辅相成、相反相成、互助合作、互利互惠、互促互补、共同发展的关系,这是辩证唯物主义和谐观的基本观点。

在古代,和谐被视为万事万物存在的根据和发展的动因。《国语·郑语》中提到"夫和实生物,同则不继。以他平他谓之和,故能丰长而物归之",即不同元素的结合,是万物生存、发展的基础,同即简单的同一,不能产生任何新的东西。由此可见,和既是万物生的根据,也是万物成的达道。

和谐是传统文化的核心理念,它贯穿于个人修为、社会建构等各个层面。强调和字,就是要讲团结。和的本质就是团结。团结协作,和谐共事,共事共心,同向同力,众志成城,努力营造一个观念一致、步调一致的良好工作氛围,齐心协力建设一个风正、气顺、心齐、劲足、团结、和谐的统一集体,是和谐价值观的第一个层面。风正,才能气顺;气顺,才能心齐;心齐,才能劲足;劲足,才能成事。这样,才有公信力和权威性,才能出智慧、出成绩,才能出干部和出人才;也只有这样,才能化压力为动力,才能使所有难题迎刃而解。

强调和字,就是要能包容。伟大的事业要有博大的胸怀,在行动上落实和字,其核心就是包容。包容是一种社会文明,它是对人要大度、宽容,为人要厚重、厚道,心胸开阔,襟怀坦荡,有容人、容事、容言的气度和雅量。对别人不恭不敬之言不计较,容得下话;对不利于己的行为不怨恨,容得下事;别人的优点虚心学习,容人之长;对别人的缺点正确看待,容人之短;对别人的错误不记旧账,容人之过。这些都是和谐价值观的另一个层面的重要表现。当然,宽容绝不是不讲原则、不分是非,要容当其时、容当其事、容当其人。同时也要包容不同见解,包容失误失败,包容特性与个性。要做到在宽容中求合作，在忍让中谋合力，从而达到团结协作、和谐共事的目的。

总之，团结凝聚力量，和谐成就伟业。民航强国、交通强国战略目标的实现，离不开团结协作的精神支撑。

团结协作就是协调两个或者两个以上的不同资源或者个体，齐心协力地完成某一目标的过程或能力。通常一个人在日常工作中，绝大部分的事项都需要与同事协作完成、与其他部门协调资源，或者向领导进行请示汇报；绝大部分的工作都处于开放的环境，如特殊请求、突发事件、临时汇报、项目协作、活动组织、意见征集、沟通协调等。团结协作，可以使很多处于随机和发散状态的工作实现有序化、可跟踪化、可追溯化，实现工作的敏捷性与有效性的统一。

团结协作是人类生存的最高智慧。当今社会，人们为了满足生存、安全、心理归属和自我价值的实现等心理需求，必须与他人协作。人们只有置身于团体中，通过自己与周围人的比较，才能找到自己在社会及团体中的位置，获得他人的肯定与褒奖，从而使自我价值和职业理想得以实现。

团结协作是通往事业成功的桥梁。在民航科研过程中，很多重大课题单靠某一科学家、某一单位根本无法实现和完成。某一学科中并非先进的思路或技术，很有可能就是解决另一学科难题的关键。因此，团结协作、相互配合，成为科研活动的必要之举、事业成功的桥梁。

艰巨的事业需要强大的力量，伟大的复兴需要共同的奋斗。团结协作对于实现民航强国梦具有重要作用。只有相互了解、相互尊重、相互包容、相互欣赏、相互学习、相互帮助，才能共同为中华民族伟大复兴贡献力量，共享祖国繁荣发展的成果。

第二节　民航团结协作的品格与作风

实现民航强国梦，是全体民航人的主要奋斗目标。民航的行业与系统构成及其运行规律，要求其必须具备高度契合的团结协作精神。在建设民航强国和全面深化改革的征途中,在日常工作的实践中,民航从业人员可能会遇到一系列各种各样的困难与挑战,越是关键时刻,越是困难的时候,越是需要树立民航是一家的大局意识,践行团结协作的工作作风,才能克服困难,完成艰巨而光荣的任务。

如何发扬团结协作的当代民航精神,使民航行业始终保持团结协作,奋发向上的活力,以适应民航强国建设的客观需要,是摆在全行业面前的一项重要课题。可以在增强大局意识、弘扬协作精神、强化担当意识方面,从思想上、机制上、作风上,培树典型、凝聚正能量,为民航业的腾飞提供思想支持和精神动力。

一、在思想上增强大局意识

团结协作是一切事业成功的基础,个人和集体只有依靠团结的力量,才能把个人的愿望和团队的目标结合起来,超越个体的局限,充分发挥集体的协作作用,团结协作,形成合力。一个缺乏协作精神的行业、单位、部门和个体,不仅事业上难有建树,也难以适应时代发展的需要。树立大民航意识,是弘扬民航团结协作精神的根本。所谓大民航意识,就是牢记民航人是一家,有共同的民航强国梦想、共同的民航核心价值观、共同的民航职业道德操守。

树立大民航意识,不是一句简单的口号,而是需要全体民航人在日常工作中,从点点滴滴开始,多做实事。对于民航各单位和部门来说,团结协作的工作作风要体现在思想认识的协同上、要体现在各项行业政策导向的协同上、要体现在各项改革任务推进步骤的协同上、要体现在各项管理措施效果的协同上。

民航各部门要共同努力提升团结协作的工作作风,既要守土有责,还要有大局意识,牢固树立一家人思想。例如,综合司在组织研究行业重要问题、提升机关行政效率、加强新闻宣传和舆论引导方面,需要各专业司局和部门的团结协作;航安办在完善安全监管工具箱方面,需要安全管理部门和经济管理部门的团结协作;政法司在完善行业法规体系、建设执法管理系统平台方面,需要各专业监管司局给予支持配合;财务司在完善民航财经政策方向,需要统筹考虑各司局的专业项目资金需求和经费保障。

供给侧结构性改革是民航工作的主线,民航供给侧结构性改革最终目的是更好地满足航空旅客需求,主攻方向是提高安全发展能力、提高航空运输服务质量,根本途径是深化民航改革。要努力破解行业发展速度和运行规模与资源保障能力之间的问题,必须坚定不移地推进民航供给侧结构性改革,着力提高供给质量,扩大有效供给。这就涉及各个方面,需要各部门团结协作,密切协助,协同发力,共同推进,努力在关键领域和重点环节实现改革新突破,形成重点牵引、全面推进的改革整体效应。

二、在机制上弘扬协作精神

民航运输是一个涉及多个单位、多个部门的复杂系统。团结协作的当代民航精神是民航行业独具特色的精神品质。民航行业各单位、各部门团结协作,上下一心,是民航系统相互扶持,健康、协同发展的重要支柱。团结协作、合作共赢是时代的选择,合作可以促成成功,合作也可以凸显共赢。携手共进,合作共赢,合作可以使双方共克时艰,共赢商机,提振信心,共同发展。

合作才能发展,合作才能共赢,合作才能提高。培养团结协作的工作作风,除了要有统一的思想意识,还要有有利于不同单位和部门协作配合的体制和机制。机制是民航团结协作精神养成的土壤。随着民航行业的分工越来越细、参与运输保障单位的性质越来越复杂,相关部门和人员在管理体制和机制的设计和建设过程中,应多一点尊重,多一点人性化,多一点温暖和关怀。只有在互惠互利、合作共赢的管理体制和机制的引领下,只有在良性的竞争和宽松的环境中,各部门各单位才能真正携起手来团结协作,共同发展,共筑民航强国梦。

所谓协作精神,是指建立在团队的基础之上,为了共同的利益和目标而相互协作的作风,共同承担集体责任,齐心协力,汇聚在一起,形成一股强大的力量,成为一个强有力的集体。培养优秀的团队协作精神,需要大力倡导和把握四个重点,即相互信任,相互包容,相互补台,相互谦让,这是培养团队精神需要把握的重要环节。树立大局意识,摒弃各种杂念,团结协作的作风既要体现在部门内部协同上,又体现在与外部单位协同上,营造共谋发展的良好氛围。

航班正常一直是民航旅客十分关注的出行需求,关系人民群众对航空出行的获得感和幸福感。然而民航航班运行涉及几十个环节、多个保障部门,其系统化、专业化和精细化的特点,决定了任何一个环节出了问题都有可能影响航班正常。随着民航业的飞速发展,旅客量持续增加,航班飞行总量不断增长,航空公司的责任也越来越重大。在有限的资源下,如何最大限度地提升运行品质、确保航班正常,是民航各单位需要面对的难题。

近年来,民航一直为航班正常做着各种努力和探索,上到行业管理部门不断研究出台各种规章文件,下到各机场、航空公司、空管等关联单位不断加强制度构建、形成联动合力、优化运营流程、提高保障能力。然而,光靠一个单位或部门的努力是不够的,只有航空公司、机场、空管和政府监管部门等各部门在统一制度下形成合力,协同运行,才能有效构建提高航班正常的管理体系,航班正常治理工作才能取得成效。

建立全国一体化协同决策运行规范,可以将全国一体化协同决策系统覆盖至所有的机场、航空公司、空管、油料等单位,实现由点到线再到面的升级;通过全国一体化协同决策系统可以明确航班放行时刻,配套流量管理措施,提高协同能力和处置效率,从而提高整体正常性。

全国一体化协同决策不仅是民航领域工作流程中的参与者之间简单的数据共享,它所带来的影响还应包括两个方面:一是传统工作流程上的改变,各个参与者不再是相互分开的单一流程,而需要建立一个完整的、为所有流程参与者所认可的、公开的工作流程;二是文化、态度方面的改变,民航领域的工作流程中所有参与者应该对目标有一个共同认知的理念,在整体协商中,参与者需要建立一种相互信任的理念,积极地共享信息,制定出总体最优策略的同时,自身也实现了利益最大化。

由此可见,在全国一体化协同决策建设和实施过程中,互联互通是支柱,合作机制是保障,交往互动是基础。只有参与航班运行保障的各单位思想一致,发挥团结协作的精神,全国一体化协同决策系统中与时俱进的理念和站位高远的系统设计才会有效落实、民航航班延误的顽疾才能有效根治。

组织或单位的团队协作精神表现在平时,就是单位与单位、部门与部门、员工与员工之间的和谐团结,工作生产高效优良;若在出现特殊情况时,则表现出能吃苦耐劳、能战胜困难、有抗压能力,可以被信赖、被依托、被委以重任且不辱使命的突击力量。祖国的召唤、人民的嘱托,就是民航义不容辞的责任。每当国家需要民航效力时,民航人总是通过团结协作的工作作风将责任和担当扛在双肩,不辱使命。

服务是民航各企事业单位共同的业务属性,团结协作的服务精神是民航不可或缺的软实力。民航各企事业单位都需要通过彼此之间的有效合作实现系统的安全、平稳、高效的运行,以此服务于整个社会。虽然在运输服务保障过程中,不同业务主体的利益诉求不完全是分工合理、协调发展、紧密合作的正面效应,然而单就服务工作而言,只要打破各部门之间客观存在的本位主义条框,在新的更高层次上打造民航运输服务链,使各业务部门携起手来通力合作,协同一致改善旅客服务工作,那么全行业的整体服务质量和效率就可以不断地提升。

三、在作风上强化担当意识

担当是一种团结、协作、共同进步、推动发展、从不懈怠的智慧。团队协作精神的养成还需要担当意识的激励。人民航空为人民,民航作为交通运输业,具有典型的服务属性。民航的成功原动力来自对客户需求的关注、服务能力的不断提升、服务过程的精益求精。赢得客户就赢得了来自行业内外的竞争优势,这也是民航真情服务的切入点。每一位民航人都应从全局角度设身处地地为客户考虑,把自己的工作与其他部门或者单位从业者的工作过程紧密联系起来,尽可能为客户提供更多优质服务,不能认为旅客在买票时只是客票销售部门的客户,在地面候机时只是地面服务部门的客户,在乘机时只是机组人员的客户,而忽视所有自己工作职责界限以外的旅客。

民航运输的高度流程化和系统化,注定了参与其中的每一个人都应该具有全局思维、有担当意识,将自己的工作职能根植于整个体系之中,用真情服务创造每位民航运输消费者的完美体验。敢于担当、团结协作的工作作风,不仅体现在单位与单位之间,还体现在一些民航的先进典型人物中。这些先进人物用无畏艰难、勇于担当、甘于奉献的精神,带领团队,为民航事业的发展贡献了自己的智慧与汗水。在实现民航强国梦的征途中,需要无数爱岗敬业、勇于担当、团结协作、不计得失的各类先进典型人物做引领。

托举民航强国梦想,既是全体民航人共同的理想、共同的奋斗目标,也是行业团结协作的共同目标。民航强国梦是民航人统一思想,克服一切困难,保持持续安全、真诚服务的思想保证和力量源泉。为了实现民航强国战略目标,必须通过进一步深化改革,为行业发展提供新的动力。只要发挥勇于担当的精神和携手攻坚克难的作风,进一步健全与相关部门的协调机制、进一步加强改革任务之间的内生合力、进一步提高法规标准的完备性精准性、进一步完善改革配套措施,民航的各项改革任务就一定会稳步推进,取得预期的效果。

总之,团结协作,是民航深化行业分工,促进民航事业发展,推进民航强国战略的必然要求。在实现民航强国梦的征途中,民航从业人员将继续坚持团结协作的工作作风,砥砺奋进,坚定不移地朝着从民航大国向民航强国的目标迈进。只要积极探索,勇于践行,团结协作,民航强国梦想一定能够实现。

第三节 民航团结协作的继承与弘扬

一、团结协作与民航发展历程

成就伟大的事业,实现个人的梦想,不是一帆风顺,一蹴而就的,需要人们勇于探索,艰苦奋斗,付出极大努力才能实现。民航的发展历程表明,团结协作已经成为民航行业文化属性和从业人员职业道德的一种重要表现形式,内化为当代民航从业人员的一种重要的道德品质。民航的发展历程是对全体民航人团结协作精神的生动诠释。

自1949年中国民用航空局成立以来,民航事业无论在航空运输、通用航空、机群更新、机场建设、航线布局、航行保障、飞行安全、人才培训等方面都持续快速发展,取得了举世瞩目的成就。这些成就的取得,是一代代民航人励精图治、团结一心、协作奋斗的结果,他们为祖国蓝天事业书写了壮丽的篇章。

作为一个成本投入高、科技含量高、运行风险大,专业性、技术性和系统性强的行业,民航的生产运营是一个涵盖航空公司、机场、空管、服务保障、监管等多个子系统的复杂的巨大系统。在发展过程中,民航行业的内部分工越来越细,机场、航空公司、空管、油料、服务保障、行业监管等单位自成体系,各司其职,呈现专业化、精细化、科学化和规范化的鲜明特征。随着分工的进一步细化,要实现民航安全高效顺畅运行的基本目标,必须要各子系统、各单位、各部门之间团结一心,群力协作。

一张机票的背后有无数民航从业人员在守候,他们是订票员、接线员、值机员、消防员、安检员、地服员、清洁员、配餐员、厨师、情报员、气象员、签派员、运控员、配载员、信息员、飞行员、乘务员、特种车司机、配餐车司机、货运员、机务工程师、拖车司机、清水车司机、污水车司机、加油员、廊桥操作员、空中管制员、引导车司机等。这些民航从业人员在各自的岗位上有条不紊地为每一位旅客服务。如果遇到大面积航班延误的情况,他们的工作量还会增加,因此各个岗位更需要紧密配合,团结协作。

民航是由行业管理部门、航空公司、机场、空管、油料等相关保障单位组成的环环相扣、精密复杂而有效运行的现代服务性组织系统。这个系统中的成员有的需要直接面向旅客提供运输服务,如航空公司和机场等;有的只是通过服务于前者而间接服务于旅客,如空中交通管制、航空油料、政府机构等。尽管民航从业人员服务的方法、方式不同,但其最终目标都是更好地完成航空运输任务。

全国联动、系统性强,是民航这个服务行业的突出特点,也可以认为是行业优势。在遇到突发灾难情况下,民航行业的团结协作,是不辱使命,保证抢险救灾等急难险重任务顺利完成的重要保障。民航展示着接到命令,即刻出发的执行力,彰显着虽远必至的大国情怀。

民航主动承担社会责任,切实做好航空运输保障、空防安全和公安保卫、安全生产、安全监管、应急处置等工作,确保航班运行安全顺畅,并强化协作配合和责任担当,服务保障能力更上新台阶。民航切实增强政治意识、责任意识和大局意识,发扬严谨细致的工作作风,牢固树立安全运行的底线思维和红线意识,认真制定和完善各项防控保障措施,完善各类预案,提高应急处置能力;各单位协同配合,确保各类信息准确、传递及时、渠道畅通,共同做好保障工作。民航胸怀全局、勇于担当,把保证安全和真情服务作为对国家、社会的承诺及不可推卸的责任,扛在肩上,放在心里,交出了一份让党和国家放心、让人民群众和世界友人满意的答卷。

团结协作是民航完成党和人民交给的急重险难任务,不辱使命的重要保证。当一项任务来临时,只有团结协作,民航才能用最快的速度做出反应,完成使命。如果民航系统及内外相关保障单位,没有团结协作精神,要圆满完成艰巨急难险重的任务,是根本不可能的。

二、团结协作与民航团队建设

(一)团队建设心理机制

团队建设的心理机制,关键在于在团队成员之间创造统一感和归属感,形成相互理解、尊重、合作的气氛;必须能够把团队的其他人看成是自己人,使成员为自己的团队感到自豪。

1.共生效应

共生效应,是指个体与个体或个体与群体之间相互依存、相互激励的社会心理现象。每个人虽然是独立的生物和社会实体,但却不能孤立地存在,他需要在有人群构成的外部环境中生存和发展。每个人都离不开他人,而每个人又都是他人生存和发展的条件。

建立团队,最重要的是在认知上形成这样一种强烈的、积极的归属感。团队成员相互认同,把自己的团队不仅看作是一群人的集合体。人类是社会性的群体,是在相互依存的家庭的群体中成长的,在与他人合作时才会感到安全。团队正是依靠了人的这种心理基础,同时团队建设也应创造这样一种环境,使每一个成员认同这个团队,共生共存。如果团队成员不把自己看成团队一员,如果他们在其他群体寻找自己的社会身份,那么这个团队也就谈不上团结协作了。

2. 情绪认同

情绪认同是客观存在的社会心理现象,它证明群体与群体任何成员具有共同感受的能力。接近于集体类型的群体,有产生情绪认同的最有利的条件;在松散群体和违法群体中,这种认同的表现很差,或者完全没有。

在集体中,成员把自己与其他成员视为同一,体验他人的心情如同体验自己本身的心情。这种有效情绪认同便可以改变他们的行为:虽然危险只影响一个人,但是群体的所有成员都像自己面临危险将要受到惩罚时一样。

在集体中,表现团队一员的最重要的形式之一是每个人在情感上加入这个集体,个人有意无意地把自己和集体视为一体。真正团队的特点是:在成功或者是不成功时,有共同的感受,有情绪上的温暖和同情,为每一个人的成功而自豪和高兴,相信自己的团队是名副其实的工作集体。有效的情绪认同,取决于个人把自己与其他成员视为同一到怎样的程度,个人对待群体中的任何成员的态度积极到怎样的程度。

3. 心理相容

心理相容是群体成员之间心理上的相互理解、容纳和协调,即群体内成员之间的心理流和心理面,是处于一个同频共振的心理场中,一个人或者若干人的行为引起了群体的肯定性反应。

心理相容是群体成员产生相同感受的基础。人们的观点和信念的一致性是心理相容产生最主要的原因,而群体内成员相互间物质利益分配的合理性是心理相容的根源。心理相容对于群体极为重要,在很大程度上决定着群体的风气、领导的风格、目标的实现、工作效率的高低和群体成员的心理健康、情绪反应、能力发挥和人格的健全。

4. 社会表现

社会表现就是团队成员确立起的一些共同观念。一般从别人那里得到观念,又不断地进行调整,使其融入个人的观念和行为中。随着时间的推移,一个稳定的工作群体中的成员,会逐渐地了解和理解彼此的观念。

　　在团队中，即使每个人都有自己的信念，但是仍然拥有许多与其他成员相同的社会表现。团体的社会表现反映了团体的背景、权力结构、人际关系，它通过符号、语言、形象和行动表现出这些背景和关系，反映了人们在这种背景下是如何工作、如何生活的。

　　共同的信念可以成为人们决定采取行动或者不采取行动的有利因素。共同的信念服务于一种功能，使人们能够调整自己的爱好和行为，并且使其理性化。能否达成共识，更多的是以行动而不是语言来表现的，有些共识是含蓄的。因此，如果仅通过人们的语言表达，是难以识别出一个团体是否达成共识，或者在哪些方面有共识的。

　　有利于团队的管理的共识是以团队为基础的工作方式，意味着摆脱了权威的束缚，实际上也意味着改变组织内权力的运用方式。因此最重要的共识应当是互相尊重。互相尊重包括团队成员之间的互相尊重，以及管理人员对团队工作的尊重等。

　　5. 参与心理

　　无论是工作积极性、责任感，还是生产效益方面，参与管理都有其独特的影响。具体而言，对责任感和生产效益的影响因素中，参与管理都能达到显著水平。更值得重视的是奖金显示出的作用。这些参与管理的效果，事实上在群体参与时才能体现。因为个人参与提出的意见，即使很有价值，在没有赢得群体的统一认识以前，也是很难决定并贯彻执行的。

　　团队工作方式的出现，本身就体现着组织对员工参与的重视。不仅如此，团队尤其是自我管理型团队的工作基础之一就是成员的参与。总之，团队建立和工作的心理机制，首先是使成员属于这个团队；其次是使成员分享和表现这个团队。

　　(二)民航团队建设途径

　　民航团队建设的途径选择，随着团队的目标、内容和成员对象的不同而不同。但归纳起来，主要有以下四个方面。

　　1. 角色途径

　　角色途径，即侧重从团队角色和成员角色方面进行团队建设，是深受团队建设者喜爱的一种方法。成功的团队一般由不同性格的人承担其合适的角色组成。在民航团队建设中，应注重团队角色和团队成员角色的确定与分配。每个团队既承担一种功能，又承担一种团队角色。

一个民航团队如何在功能与团队角色之间找到一种令人满意的平衡，则取决于团队的任务。民航团队的效能取决于团队成员内的各种相关力量，以及按照各种力量进行调整的程度。分配团队成员的角色，需考虑他们的专长、个性和智力等因素。一个团队只有有了适当的范围、平衡的团队角色，才能充分发挥其技术资源优势。

2. 价值观途径

民航团队建设的一个重要内容是在团队成员之间就共同价值观和某些原则达成共识，形成团队价值观。形成团队价值观必须注意五个方面：第一，明确。必须明确建立团队的目标、价值观及指导方针，而且经过多次讨论。第二，鼓动性价值观，这些观点必须是团队成员相信并且愿意努力工作去实现的。第三，力所能及。这些观点的实现须处于团队成员能力范围之内，否则只能是空谈。第四，达成共识。所有团队成员都支持这一观点是至关重要的，否则他们可能发现各自的目标彼此相反或有无法调和的根本问题。第五，未来潜力，团队共识必须具有在未来进一步发展的潜力，拥有固定的、无法改变的团队共识是没有意义的。因为人员在变、组织在变、工作的性质也在变，需要经常重新审视团队共识，以确保它们仍然能够适应新的情况和新的环境。

3. 任务导向途径

以任务为导向的建设途径，强调团队要完成的任务。按照这一途径，民航团队必须清楚地认识到某项任务的挑战，然后在已有的团队知识基础上研究完成此项任务所需要的技能，并设定具体的目标和工作程序，以确保完成任务。必须尊重以下原则。

(1)确定任务的轻重缓急，并确定指导方针。

(2)按照技能和技能潜力，而不是个人性格选拔团队成员。

(3)对第一次集会和行动予以特别关注。

（4）确立明确的行为准则。

（5）确定并且把握几次紧急的，以此为导向的任务和目标。

（6）定期用一些新的事实和信息对团队成员加以考验。

（7）让成员共度尽可能多的时光。

（8）充分发挥积极的反馈、承认和奖励的作用。

4. 人际关系途径

人际关系途径，即通过在团队成员间形成较高程度的理解与尊重，来推动民航团队的工作。这类途径主要依据实验心理学的原理，通过培训和实验开展成员之间的沟通和交流，增强成员之间的理解、信任和合作。

（三）民航团队建设方法与技巧

民航团队建设是民航事业发展的根本保障，民航团队运作是民航业内人士长期实践的经验总结。团队的发展取决于团队的建设，特别是民航服务团队的建设。民航团队建设应从以下方面进行。

1. 组建民航团队核心

民航团队建设的重点是培养团队的核心成员。领导人是团队的建设者，应通过组建智囊团或执行团，形成团队的核心层，充分发挥核心成员的作用，使团队的目标变成行动计划，团队的业绩得以快速增长。

民航团队核心层成员应该具备领导者的基本素质和能力，不仅要知道团队发展的规划，还应该参与团队目标的制定与实施，使团队成员既了解团队发展的方向，又能在行动上与团队发展方向保持一致。

2. 制定民航团队目标

民航团队目标来自公司的发展方向和团队成员的共同追求。团队目标是全体成员奋斗的方向和动力，也是感召全体成员精诚合作的一面旗帜。核心层成员在制定团队目标时，需要明确本团队目前的实际情况。例如，民航团队处在哪个发展阶段，是组建阶段、上升阶段，还是稳固阶段；团队成员存在哪些不足，需要何种帮助，斗志如何等。

制定民航团队目标时,要遵循的目标原则性包括以下方面。

(1)明确性。所谓明确就是要用具体的语言清楚地说明要达成的行为标准。明确的目标几乎是所有成功团队的一致特点。很多团队不成功的重要原因之一就是因为目标定得模棱两可,或没有将目标有效地传达给相关成员。

(2)衡量性。衡量性就是指目标应该是明确的,而不是模糊的。应该有一组明确的数据。作为衡量是否达成目标的依据,如果制定的目标没有办法衡量,就无法判断这个目标是否实现。

(3)可接受性。目标是要能够被执行人所接受的,团队成员要更多地参与到目标制定的过程中,切实结合自身的团队特点和优势来制定团队整体的目标。

(4)实际性。目标的实际性是指在现实条件下是否可行、是否具有可操作性。可能有两种情形:一方面,领导者乐观地估计了当前形势,低估了达成目标所需要的条件,这些条件包括人力资源、硬件条件、技术条件、系统信息条件、团队环境因素等,导致下达了一个高于实际能力的指标;另一方面,可能花了大量的时间、资源,甚至人力成本,最后确定的目标根本没有多大实际意义。

(5)时限性。目标的时限性就是指目标是有时间限制的。没有时间限制的目标没有办法考核,或者会导致考核的不公平、不公正。上下级之间对目标轻重缓急的认识程度不同,上司着急,但下属不知道。结果上司可能产生情绪,而下属又觉得委屈。这种没有明确的时间限定的方式也会带来考核的不公正,伤害工作关系,影响下属的工作激情。

3.培训民航团队精英

培训民航精英的工作是团队建设中非常重要的一个环节。建立一支训练有素的民航服务队伍,能给团队带来很多益处:提升个人能力、提高整体素质、改进服务质量、稳定销售业绩。一个没有精英的团队,犹如无本之木,一个未经训练的队伍,难以维持长久的繁荣。训练民航团队精英的重点,包括以下方面。

(1)建立学习型组织。让团队的每一个人认识学习的重要性,尽力为他们创造学习机会,提供学习场地,表扬学习进步快的人,并通过一对一沟通、讨论会、培训课、共同工作的方式营造学习氛围,使团队成员在学习中成为精英。

（2）搭建成长平台。团队精英的产生和成长与他们所在的平台有直接关系，一个好的平台能够营造良好的成长环境，提供更多的锻炼和施展才华的机会。

4. 培养民航团队精神

民航团队精神是指团队的成员为了实现团队的利益和目标而相互协作、尽心尽力的意愿和作风。团队精神包括团队的凝聚力、合作意识及士气。团队精神强调的是团队成员的紧密合作。

要培养民航团队精神，领导人首先要以身作则，做一个团队精神极强的楷模；其次，在团队培训中加强团队精神的理念教育；最后，要将这种理念落实到团队工作的实践中去。一个没有团队精神的人难以成为真正的领导人，一个没有团队精神的队伍是经不起考验的队伍，团队精神是优秀团队的灵魂、成功团队的特质。

民航服务是一种与旅客打交道的行为，团队建设是容易与别人的观念发生摩擦的工作，每个人要做好这一切，他所面临的最大挑战就是自己。因此，每个团队成员都需要被激励，领导者的激励工作做得好坏，直接影响到团队的士气，最终影响到团队的发展。

激励是指通过一定手段使团队成员的需要和愿望得到满足，调动他们的积极性，使其主动自发地把个人的潜力发挥出来，从而确保既定目标的实现。激励的方式多种多样，例如，树立榜样、培训、表扬、奖励、旅游、联欢、庆祝活动等。最高层次的激励是增强使命感，当人们心中拥有了一种使命感，便有一种内在的驱动力使之全力以赴。

第六章　民航敬业奉献精神的继承与弘扬

敬业奉献是中华民族的传统美德,也是民航在长期历史发展和文化沉淀中孕育形成的行业价值理念。本章重点探讨民航敬业奉献的本质、民航敬业奉献的品格与作风、民航敬业奉献的继承与弘扬。

第一节　民航敬业奉献的本质

民航事业的发展壮大,是一代代民航人爱岗敬业、创新图强、勇于担当、甘于奉献的真实写照。作为民航行业品质和人文传承的有机统一的民航敬业奉献精神,既是民航人的基本职业道德,又是民航人大力弘扬中华民族传统美德、践行社会主义核心价值观的具体体现。在实现民航强国梦的征途中,爱岗敬业、甘于奉献,是民航人职业操守的基本特征。

一、敬业奉献内涵

敬业首先要爱业,爱业就是热爱自己的职业。不同的人在同样环境下工作效果不同,很重要的一个因素在于从业者对职业的态度。敬业者要有爱业的情怀,而对职业的热爱又是敬业的深层动力。

对个人而言,敬业是其人生价值的最好体现。人的一生往往多半时间是在职业生活中度过的。很多人都是通过一定的职业活动来获取其生存发展与人生价值的,一个对待职业最好的态度就是敬业。正因为有一代又一代爱岗敬业、默默无闻、甘于奉献的民航人前仆后继,才造就了民航取得举世瞩目的辉煌成就。

敬重、认同、珍惜并热爱自己所从事的职业是敬业价值观最基础的内容,它集中表现为人们对自己所从事的职业的态度和感情。敬业价值观主要表现为以下层次。

（一）对职业的价值和意义的高度认同

要求从业者要干一行爱一行，强调公民个人、民族、国家对职业的价值和意义的高度认同，是社会主义核心价值观对从业者最起码的要求。

（二）恪尽职守、精益求精、尽职尽责

要求从业者爱一行精一行，恪尽职守、精益求精、尽职尽责把自己所从事的工作做好。公民个人、民族、国家的责任意识，是敬业最大的内驱力。职责是每个人必须恪守的义务，如果说要求从业者干一行爱一行是侧重于人们对自己所从事的职业的态度，那么要求从业者爱一行精一行强调的是要把工作做好，侧重于工作的效果，也就是职责和义务。

（三）要求开拓进取的创新精神

创新是职业发展的力量源泉，是一个国家兴旺发达的不竭动力，是一个民族进步的核心。只有以创新精神从事自己的工作，才能发挥自身最大潜能推动事业的发展和社会的进步，才能展示从业者的价值。创新精神强调的是公民个人、民族、国家的创新图强精神。

（四）要求把职业作为生命信仰

要求把职业作为生命信仰，这是敬业价值观最高层次的内容，其核心是以人民为中心，全心全意为人民服务、为社会服务的奉献精神。把职业当作谋生的手段，或者把工作作为任务去完成，都只是一种外在要求，只有把职业作为生命信仰，把事业化为生命的内在要求，才能够实现职业与人生的合一。换言之，敬业价值观的本质是一种信仰，它把一个人的信仰与职业紧密联系在一起，使从业者有了价值追求，并且在追求中获得幸福感。

总之，敬业价值观是由上述既相互区别又相互递进的四个层次构成的有机统一体，是一个层层深入的结构体系。

敬业从职业道德提升为社会主义核心价值观的主要依据包括：首先，敬业从职业道德提升为社会主义核心价值观，体现了为人类工作、为人民群众谋幸福的马克思主义价值观。其次,敬业从职业道德提升为社会主义核心价值观,继承了中华民族敬业精神的精华。敬业强调做事勤勉努力、严肃认真、专心致志等中华民族敬业精神的精华,是敬业价值观的重要内容,不会因为时代的变化而发生变化。再次,敬业从职业道德提升为社会主义核心价值观,是敬业精神缺失的现实呼唤。最后,敬业从职业道德提升为社会主义核心价值观,是为了适应改革开放发展的要求。敬业从职业道德提升为核心价值观,是对敬业精神认识不断深化的结晶。

总之,作为社会主义核心价值观的敬业是指人们在党的领导下,在长期的职业生活实践中,积淀和形成的有关对职业的最根本的看法,是人们在实践中处理各种职业问题时所持的最根本立场、观点和态度。

二、民航敬业奉献本质要求

(一)敬业奉献展现工作态度

敬业奉献不仅是个人幸福的前提,也是社会进步发展的保障。敬业总是和爱岗联系在一起,互为前提,相互支持,相辅相成。爱岗是敬业的基石,敬业是爱岗情感的升华,是对职业责任、职业荣誉的进一步深刻理解和认识。

首先,必须从爱岗做起。不论做任何工作,不论职务大小,都要立足本职工作,严肃认真,兢兢业业,脚踏实地,一丝不苟。其次,必须树立为人民服务的思想。每个工作,每个岗位,都是可敬的,都是人民需要的。为人民服务不是抽象的一句空话,它体现在每个公民的具体工作之中。所以,每个公民只要树立了为人民服务的思想,就能在工作中勇于担当,团结协作,奋发图强。再次,努力学习和掌握现代科学知识,业务上精益求。随着现代化建设和市场经济的发展,劳动分工越来越细,技术含量日益增加,竞争也越来越激烈,对每个公民的文化知识、业务水平、技术素质要求越来越高。一个公民如果只有敬业的良好愿望,却没有敬业的各种素质,敬业就无法落到实处。最后,坚守岗位责任,干一行爱一行。履行职责是每个公民的本分,岗位责任就是社会责任,是社会对每个公民的义务要求。所以,每个在职业岗位上的公民都要有明确的、执着的责任意识。

敬业和奉献是紧密联系在一起的。所谓奉献,就是一心为他人、为集体、为行业、为社会、为国家、为民族做贡献。有这种境界的人，从事工作的目的，不是个人的名利，也不是家庭的名利，而是有益于他人、集体、行业、社会、国家和民族。奉献是在自始至终贯穿着敬业等优良职业道德品质长期积累的基础上产生的。民航业是服务性交通运输业，也是国家的窗口行业，其工作态度和工作风貌直接展现着民航行业甚至国家的形象。

奉献是社会主义职业道德的最高境界。一个公民做到了奉献，就能在工作中做到爱岗敬业、诚实守信、办事公道、服务群众、奉献社会。同时，奉献也是社会主义公民道德的最高境界。一个公民如果真正做到了奉献，就会无论在任何场所，都能够爱国守法、明礼诚信、团结友善、勤俭自强和敬业。奉献是无私的付出。

敬业奉献是平凡的，因为它是每个人都可以做到的；敬业奉献又是伟大的，因为伟大出自平凡，没有平凡的爱岗敬业，就没有伟大的奉献社会。时代呼唤着越来越多具有爱岗敬业精神的人，实现民航强国梦也呼唤着越来越多具有爱岗敬业这种平凡而伟大的奉献精神的人。具备爱岗敬业这种平凡而伟大的奉献精神的人，永远都是振兴行业的基石、支撑民族的脊梁。

（二）敬业奉献体现人生价值

人们实现自我、自我完善的过程和人的职业活动密切相关，职业活动是人实现自我的舞台，在职业活动中人可以自我确证，实现自己远大理想、美好的追求，彰显自身存在的意义和价值。如果一个人为了生存而敬业，生存的目的满足了，就会失去进一步努力的动力，工作的兴趣也会因此而下降。只有当工作摆脱了个人的生存需求而为社会服务的时候，个人的工作事业就不仅是谋生的手段，更是一种精神上的追求，工作是快乐和喜悦的。人的真正乐趣不在于活动的结果，而在于活动的本身；实现自我的过程，就是劳动、创造和奉献的过程。

人同自身的任何关系，只有通过同他人的关系才能得到实现和表现。作为社会的人，人的自我价值就是社会价值在个人身上的体现，即对社会的贡献就是个人价值。敬业奉献不是只有英雄人物才能做到的，从事任何一项普通工作的人，无论是航空公司的高管，还是普通的空中乘务员；无论是行业管理部门的监察员，还是机场普通的消防员，只要热爱自我的工作，尽心尽力，都能在平凡的岗位上做出不平凡的贡献。

要实现民航行业整体的提质增效，仍然需要敬业奉献。只有提倡敬业奉献，使其在行业内形成一种敬忠职守、人人负责的良好风气，才能在行业内建成一支素质过硬、信仰坚定的民航队伍，才能为实现民航强国梦添光彩。

第二节　民航敬业奉献的品格与作风

民航强国的战略构想给民航人指明了发展方向。目标的实现需要每一位民航人共同努力，爱岗敬业，无私奉献，永不放弃。只有毫不动摇地坚持以敬业奉献的价值理念为引领，民航强国梦才能早日实现。

一、追求卓越成果

所谓追求卓越成果，是指从业者从内在品格上树立了实证探索、务实求真、敢于超越的精神，从外在的行为上实现了知行合一。追求卓越成果是当代民航敬业奉献精神的最高体现，也是民航工匠精神的完美诠释。

作为服务性质的行业，民航提供着公共运输的服务，同时也面临着安全、延误、突发事件等风险，更承担着为旅客提供安全、高效、舒适服务的责任。在如此错综复杂的行业背景下，弘扬精益求精追求完美的工匠精神，迫切而又重要。民航的工匠精神是民航行业文化不可或缺的重要支撑，也是对每一个民航人的具体要求。民航的工匠精神要求民航人在专业技术上要精益求精；在工作中要注重细节，追求完美和极致；在服务上要做到耐心、专注和坚持；在思想上要淡泊名利，用心去做好每一件事情。只有通过这些品质上的锤炼，民航人才能具备工匠的特质。

许多的民航人都具有精益求精、追求卓越的职业境界，以一种对自我负责、对社会负责的态度，将工匠精神融于日常工作。只有通过实干作风、奉献思想、担当意识和创新精神的磨砺和锻炼，从业者才能深刻体会到任何成果都是实干作风、奉献思想、担当意识、创新精神和追求卓越五者合力的结果，只有这样才能真正做到干一行、爱一行、通一行、精一行，才能真正领悟工匠精神对行业提质增效的积极作用。

二、培养实干作风

实干作风是培养民航敬业奉献精神的基础。与其他行业相比,民航是一个高投入、高技术、高风险的行业,航空运输安全事关人民群众的生命财产,事关社会稳定,事关国家安全。任何一项活动都离不开从业者踏实的苦干和勤恳的积累,埋头苦干和勤奋积累是培养敬业奉献精神的首要环节。

培养民航人实干作风最重要一点是要对民航有深切的了解。爱岗敬业、无私奉献,先要从了解民航发展实力、建立个人责任心开始。既要看到民航发展以来取得的伟大成就,又要看到在空域资源、民航服务品质、适航审定能力、应急处置能力等方面的不足;既要骄傲于民航持续稳定增长的发展速度和辉煌成就,又要意识到行业发展速度与保障资源不足、保障能力不强之间的问题。只有深切地了解民航的发展历史和战略目标,敬业奉献的热情才能有更加明确的方向,敬业奉献的行动也才会有源源不断的动力。只有这种深切的了解,才能坚定的萌发责任心,才能在遇到个人与集体的问题时,面临理想和现实的选择时,从更开阔的视野去看待,在更高的层面去取舍,把个人的人生信仰与民航事业的前途紧密联系起来。

正是因为这种深切的了解,让一代又一代民航人对民航事业产生了深厚的热爱,由此坚定地将民航事业作为自己的人生信仰和价值追求。总之,深入了解民航事业灿烂历史和伟大成就,有助于培养和激发爱岗敬业、无私奉献的热情,有助于引导和鼓励从点滴做起,踏实地沉入工作,切实发扬实干作风。

三、强调奉献思想

奉献思想是培养民航人敬业奉献精神的核心。奉献意识是一种忠诚于劳动、奉献于事业和集体利益的崇高思想,它要求从业者充分意识到自己的主体性、能动性、创造性,强调要以敢于吃苦、忠实可靠、奉献牺牲的态度对待自己的工作,即使缺乏外在条件,从业者也要调动能动性,没有条件,创造条件也要上。奉献思想孕育着丰富的创新因素,是实现敬业奉献精神本质的必要条件。

强化奉献思想,就是正确认识和处理好苦与乐、得与失的关系,守护好精神高地。在面对诱惑时,要始终保持一颗平常心,通过自身积极的调节寻求心理平衡,做到淡泊明志,宁静致远。把心思用在工作上,正确对待个人名利得失,干实事、求实效。在日常工作、生活中重视自我的道德尊严和人格形象,珍惜自我的人格魅力和社会声誉。要从小事做起,培养和坚持健康理智的生活情趣和积极向上的道德追求。

在平凡的岗位上做着平凡的事的民航人,用默默无闻的行动,生动地展示着民航人敬业奉献的文化与传承。民航人要不断练就善于担当踏实肯干的硬功夫,提高无私奉献的心态,坚定信心、乘势而上,再创发展新优势,再铸发展新辉煌,为实现民航强国梦凝聚更多的正能量。

四、弘扬担当意识

担当意识是培养敬业奉献精神的关键。担当,要有舍我其谁的气魄。舍我其谁,就是要敢于承担,有强烈的角色意识。担当是民航人面对其肩负民航强国这一历史使命的态度。勇于担当保障国家、社会、民众利益,服务国家、社会、民众需求,是民航永恒的宗旨。践行宗旨,任重而道远。要将国家声誉系于心,社会发展担于肩。担当是一种奋发向上的正能量,是民航人从民航发展历史中继承的优秀品质。担当也是民航全面深化改革的需求。

民航是由政府行业管理部门、航空公司、机场和其他保障单位等组成的环环相扣、精密复杂而又协作运行的现代服务性组织系统。民航系统中的每一个成员都通过彼此之间的有效合作实现系统的安全、平稳、高效的运行,以此服务于整个社会。虽然每个成员单位、每个从业者服务的方式、方法、外在形式有所不同,但是民航发展取得的伟大成就,充分体现了民航人心往一处想、劲往一处使,在问题面前迎难而上,在危机困难关头挺身而出,为行业发展解困,为国家和社会分忧,充分展现了民航人事不避难、舍我其谁的担当奉献精神。

敢担当,讲奉献。把责任看得比泰山还重,是担当二字的真正内涵。这需要民航人不避繁难、脚踏实地办好每件小事实事,在每一个细微环节倾心尽力,精益求精,只为成功找方法,不为困难找借口。关键时刻,每一个民航人都要向前一步,不畏艰险、勇挑重担、全力以赴。只有这样的担当,才是真担当,才是党和国家需要的行业担当。在民航建设和发展历程中,涌现出了一大批甘于吃苦、勇于拼搏、乐于奉献的优秀民航人,他们当中既有优秀高层管理者,又有扎根一线的普通员工。无论担任怎样的职务,无论身处怎样的岗位,民航担当奉献的精神在这些优秀民航人身上展现无遗。

在民航强国建设的征程中,需要全体民航人继续发扬勇于担当的奉献精神,既要有担当的勇气,也要不断学习、苦练内功,提高担当的能力,以开放的视野、创新的思路谋划和推动工作,始终做到能担当、善担当。

五、激发创新精神

民航强国、战略产业是国家赋予民航的至高期待,担当体现了民航人的社会责任,通过创新早日实现期待是民航人义不容辞的使命。创新精神是培养民航敬业奉献精神的保障。以创新的态度对待劳动,可以从根本上挖掘劳动的潜在力量,这是提高劳动效率、推动行业和社会发展的最好方式。劳动者要想生存,就必须将创新视为劳动的本质和生命线,创新是劳动者生存和发展最牢靠的保障。因此,把创新摆在劳动的核心位置,不断提高劳动者的外在竞争力,就成为劳动者生存与发展的现实所需。

民航强国战略目标的实现需要每一位民航人共同努力,艰苦奋斗,永不放弃。要想实现民航行业发展由量变到质变的跨越,早日实现由民航大国向民航强国的转变,创新精神是必不可少的。民航的创新不仅体现在科技领域,还体现在经营管理、品牌建设、人才培养、市场营销等多个方面。创新是民航进步的必由之路,图强是民航发展的动力源泉。有创新方能图强,欲图强必须创新。积点滴成果,汇万众智慧,创新图强是民航实现持续安全和真情服务目标的现实路径,也是实现民航强国梦的不二法则。

总之,最大限度地激发创新精神在民航发展过程中的驱动作用,是当代民航敬业奉献精神的新特征。如何以深化改革为动力,以创新发展为途径,构建安全、便捷、高效、绿色的现代民用航空系统,充分发挥民航战略产业作用,更好地服务国家战略,更好地满足广大人民群众需求,为实现民航强国奠定更加坚实的基础,是每一个民航人应该思考的问题。

敬业奉献是当代民航精神的价值追求,是实现民航强国的重要保证。无数具有爱岗敬业、创新图强、勇于担当、无私奉献品质的民航人及其团队,保证了航班每天的安全,他们以民航敬业奉献的精神,在不同的领域努力工作,为民航事业的发展奉献着自我的力量。

正如党的十九大报告中讲到的"人民有信仰,国家有力量,民族有希望"。在实现民航强国梦的征途中,敬业奉献的民航精神仍将是每一个民航人忠贞不渝的职业操守。民航人要追求崇高的职业理想,使之根植于个人发展,根植于岗位要求,根植于党和人民需要;树立坚定的职业信念,热爱民航,尊重职业,真情服务;实现共同的职业成就,从民航发展中汲取个人发展动力,以敬业奉献的职业操守锻造建设民航强国的奋斗观。

第三节　　民航敬业奉献的继承与弘扬

建设民航强国,需要两个力量的积累:一是硬实力,主要包括先进的技术、设施和设备等;二是软实力,主要包括统一的思想、意志、目标和追求等,也就是民航行业的核心价值体系。民航的核心价值体系是行业发展的重要基础和精神家园。

民航事业的发展历程,传承着历久弥新的优良作风,弘扬着引领行业的先进文化。其中,敬业奉献精神对民航事业的发展有着促进作用。正是依靠一代代民航人爱岗敬业、艰苦拼搏、创新图强、无私奉献,才造就了民航大国的辉煌与灿烂,而民航人的汗水与付出也逐渐凝聚成推动民航持续向前发展、创造美好未来的敬业奉献的核心价值。民航的发展历程是对中华民族敬业奉献精神的生动诠释。

一、敬业奉献与民航行业发展

敬业奉献是民族进步的动力源泉,是行业发展的内生需求,是时代精神的核心所在。民航的发展历程中,民航人始终在用行动实践和诠释着敬业奉献精神。敬业奉献是一代代民航人的本色,是民航人向国家、人民、时代的郑重承诺。一代又一代民航人在机队更新、航线扩充、法制建设、机场建设等民航发展的重要领域,用灿烂和辉煌生动地诠释着民航人敬业奉献的本色。经过多年努力发展,民航的发展速度和整体质量都得到了很大的提升,成为名副其实的民航大国。此外,民航运输安全和服务水平显著提高,民航空中交通管理和服务系统基础建设取得较大进步。

民航的发展历史是对中华民族敬业奉献精神的生动诠释。敬业奉献是民航一路走来,在世界民用航空领域获得一席之地的原动力,也是今后继往开来、阔步前进,最终建成民航强国,实现民航强国梦的重要保证。正是一代代民航人的汗水与付出,逐渐凝聚成推动民航持续向前发展、创造美好未来的敬业奉献的核心价值。

二、敬业奉献与民航职业道德

如果说坚定的理想信念是人的精神动力源泉,那么树立正确的道德价值观,则可以使人明辨是非善恶,判断行为得失。道德是一种发自内心的自觉自律,需要多注重加强道德的教育。作为社会主义基本道德规范体系的重要组成和具体表现,民航职业道德规范是一种更为具体化、职业化、个性化的道德范畴。民航职业道德规范是全体民航从业人员在长期的职业生活中逐渐地把保证安全第一,改善服务工作,争取飞行正常的总方针和人民航空为人民的宗旨内化为高度的职业责任感和事业心,并体现在各自的工作中,在此基础上所形成的与之相应的各种道德行为规范的总和。其中,敬业奉献,作为公民应当遵循的基本价值规范,也是民航职业道德的灵魂和精髓所在。爱岗敬业是民航职业道德的基础和核心,无私奉献是民航职业道德最高要求,体现了当代民航职业道德最高目标指向。

经过多年奋斗,民航取得了举世瞩目的辉煌成就,民航在国家和经济社会发展中的战略地位和作用日益显现。这些成就的取得是一代代民航人艰苦奋斗、励精图治、敬业奉献的结果。民航是一个作风优良、勇于担当的大集体,是一支党和人民完全可以信赖的队伍。

在发展历程中,民航形成了优良的行业精神和文化传统,其中所蕴含的热爱民航、服务大众、使命职责高于一切的信念和精神,在面对各种困难时所展现的强烈民族自尊心和顽强拼搏的气概,是民航弥足珍贵的精神财富,应该在建设民航强国的征程中继续大力弘扬。

民航高投入、高风险的行业特性要求民航人要崇尚脚踏实地、精益求精的朴实严谨作风。民航发展,空管先行。空管是保障民航飞行安全的重要支柱之一,在民航的各项工作中处于中心地位,岗位重要,责任重大。保障空管运行安全离不开通信导航技术保障专业队伍,其中有一个几乎不为人所知的特殊群体,那就是民航空管系统长期坚守在通信导航边远导航台站的一线职工。空管导航或者雷达站台,是通信导航监视系统的最基层,由于工作需要,大部分地处偏远地区。这些平凡岗位上的导航人几乎常年驻守在条件艰苦的边远台站,为民航运输航路的畅通和飞行的安全,默默地奉献。民航人敬业奉献的职业操守在他们身上体现得淋漓尽致。越是条件艰苦的环境,越能显现出民航人爱岗敬业、甘于奉献的民航职业道德。

总之,民航发展历史与经验表明,敬业奉献是民航行业发展的兴业之宝。正是每一个民航人,无论是飞行员、管制员、机务员、乘务员,还是其他任何岗位上从事与安全、服务、经营、管理有关工作的人员,踏踏实实秉持敬业奉献的职业操守,并把其变为内心的道德纪律,才有了民航当前运行安全持续保障、服务品质持续改善、运行效率持续提升、经济效益和竞争优势持续提高的大好局面。

三、敬业奉献与民航真情服务

民航创建以来,一代又一代民航人秉承人民航空为人民的宗旨,为广大旅客提供了安全、高效、快捷的航空服务,奠定了民航服务在综合交通运输体系中的标杆地位。继续保持和发扬为人民服务的优良传统,不仅是进一步发挥民航业作为战略性产业的重要作用,提高行业竞争力的必然要求,更是贯彻落实以人民为中心的发展思想的必然选择。

民航作为国家综合交通运输系统的重要组成部分和关系经济社会发展的重要战略产业,提供优质服务既是职责所在,也是发展所需,更是人民所盼。真情服务是民航作为服务行业的本质要求,是人民航空为人民宗旨的根本体现,是坚持飞行安全、廉政安全的出发点和终极目标。

民航业是服务性交通运输业,也是国家的窗口行业,其服务品质直接影响着民航行业形象与国家形象。民航运输服务对国内的服务行业发挥着重要的引领作用。作为一个与社会发生广泛联系的窗口服务型行业,民航在业内提倡真情服务,不是权宜之计。真情服务是全心全意为人民服务的具体表现,是民航未来发展的内生需求与切实保障。民航真情服务提倡的是真心实意为旅客服务,确保旅客在乘机出行时能够感受到舒心、安心、放心和顺心。这是人民航空为人民的客观要求,是航空运输企业切实履行和承担社会责任的具体表现,是每位民航人恪尽职守、勤勉工作的终极目标。

民航人爱岗敬业、无私奉献的精神就是从一个个再平凡不过的岗位、团队和员工,在点滴的日常工作中,通过真情服务表现出来的。无论是飞行员、乘务员、机务员、管制员、值机员、安检员,他们都有一个共同的名字——民航人,他们任劳任怨,无论是在航班正常还是不正常的情况下,都用民航人爱岗敬业、无私奉献的职业操守,将真情服务始于心、源于诚、现于行、融于情,贯穿于旅客进出港全流程,诠释着民航高端服务和标杆服务的内涵。

爱岗敬业是在日常工作中把自己的责任承担起来,在工作中多思考,多追求。具体到业务工作,就是将心比心,怀着真心和真诚去为旅客服务。践行真情服务,出发点在情,落脚点在行,归根到底还是要真抓实干。只有真抓实干,旅客才能在出行中真正感受到民航服务品质的提升,才会更加安心、放心、舒心出行。民航的发展历程,本身就是一部民航人真情服务、真心奉献、服务人民、奉献社会的光辉历史。真情服务不仅是民航事业的历史传承,更是党和人民赋予了民航真情服务更高的期待和要求。

四、敬业奉献与民航服务人员

(一)民航服务人员与态度

态度的稳定性并不代表态度是一成不变的,随着外界条件及个体因素的变化,态度也可以发生改变。民航要在服务理念、服务技巧等方面不断进行创新,通过改变自身的态度来改变旅客的态度,从而给航空公司及民航服务留下良好又深刻的印象。

民航服务工作的性质就决定了民航服务人员在为旅客提供服务时,必须坚持敬业奉献的良好品格和作风,有良好的、正确的态度,这样才能让旅客感到满意。

1. 民航服务人员态度要求

民航服务态度是民航服务人员在对旅客服务过程中体现出来的主观意向和心理状态,民航服务态度的程度直接影响到旅客的心理感受。服务态度取决于员工的主动性、创造性、积极性、责任感和素质的高低。民航服务态度的具体要求如下。

(1)主动。民航服务人员应牢固树立旅客至上、服务第一的专业意识,在服务工作中应以主人翁的心态,时刻为旅客着想,表现出一种主动、积极的情绪,凡是旅客需要的,不分外,发现后就应主动、及时地予以解决,做到眼勤、口勤、手勤、脚勤、心勤,把服务工作坐在旅客开口之前。

(2)热情。民航服务人员在服务工作中应热爱本职工作,热爱自己的服务对象,给旅客一种宾至如归的感觉。

第一,民航服务人员的外观形象要整洁端庄、朴素大方。民航服务人员的仪表是旅客产生第一印象的基础。民航服务人员整洁合体、美观大方的服饰和文雅庄重的风度,不仅能给旅客带来清新明快、朴素稳重的第一印象,还能让旅客产生不同程度的信任感,有利于服务工作的开展。

第二,民航服务人员要热情礼貌、一视同仁。具体表现在:应对每位旅客提供微笑服务;将每项工作、每次微小的服务都做得很出色;应随时准备好为旅客服务;要将每位旅客都看成需要提供优质服务的贵宾;每一次接待服务结束时,都要很有诚意地邀请旅客们再次光临;想方设法精心创造出使旅客能享受其热情服务的氛围;每一位员工都热情友好地关注旅客,适应旅客心理,询问旅客要求;提供有效服务,讲究工作效率,满足其实实在在的需求。

第三,民航服务人员要准确使用口头语言。民航服务人员在为旅客提供服务时应使用规范的语言,做到语气自然平和、不卑不亢;语速不快不慢、张弛有度;语音清脆有力、口齿清晰；多使用敬语和谦称，以表达对旅客的尊重。

第四，民航服务人员要合理使用肢体语言。民航服务人员在与旅客交流沟通时，如果能够合理地使用肢体语言，能起到更好地沟通效果。尤其是在面对残疾旅客的时候，肢体语言的表达显得格外重要。例如，可以推出机上手语表演，乘务员通过手语表演和领唱，通过心与心的交流向旅客传递真情，激发旅客感恩社会；还可以专门为残障旅客提供手语服务，给予残障人士尊重和关爱。

(3)耐心。民航服务人员在为各种不同类型的旅客服务时，应有耐心，不急躁、不厌烦，态度和蔼。民航服务人员应善于推测旅客的消费心理，对于他们提出的所有问题，都应耐心解答，百问不厌；并能虚心听取旅客的意见和建议，对事情不推诿。

保证耐心，需要民航服务人员做到：第一，从工作实践中不断培养锻炼，提高自身的素质修养，保持平静的心态，防止急躁情绪的出现。第二，要禁止不耐烦和傲慢行为，对挑剔的旅客也要微笑服务。第三，与旅客发生误会和争执时，要心平气和、冷静理智地说服解释，妥善地化解问题。遇到旅客态度粗暴、语气生硬时，要坚持以礼相待，以理劝告。

(4)周到。航空服务人员应将服务工作做得细致入微、周密妥帖。在开始服务前，航空服务人员应做好充分的准备工作，对服务工作要有细致、周到的计划；在服务时，应仔细观察，及时发现并满足旅客的需求；在服务结束时，应认真征求旅客的意见或建议，并及时反馈，以便今后将服务工作做得更好。

态度的改变离不开知觉，新的知觉可以引起态度的改变。民航服务水准不同，旅客的知觉信息也会大相径庭。

2.民航服务人员对旅客态度的影响

(1)加大宣传力度，激发旅客的潜在动机。民航服务人员要激发旅客的潜在动机，强化旅客某方面的态度，从而影响其行为。例如，人们一贯的观念是乘坐飞机价格昂贵，多数人还是选择火车或汽车出行。近年来，随着人们生活水平的提高，越来越多的人开始能够承受飞机票的价格，因此航空公司要加大力度进行宣传，不断地实行新的措施来吸引旅客，以改变旅客传统的观点。

（2）加大维护旅客利益的力度。有时候，旅客产生的一些偏见和误解与旅客所知道的信息和掌握的知识的多少有直接联系。得到信息较少的旅客，其态度较难改变，而对于那些已经积累了相当多的知识信息的旅客，其态度就较容易得到改变。例如，许多旅客都认为现行的机票行程单上的时间是航班的起飞时间，一旦过了这个时间而飞机没有起飞，就会认为是航班延误，从而导致不满情绪的产生。

实际上，机票上的时间并不是指航班的起飞时间，而是指飞机关舱门的时间。通常情况下，航班在规定时间关闭舱门后，机组便向空管塔台发出起飞申请，得到批准后才能起飞。为了维护旅客的权益，民航部门对各个航班关闭舱门的时间做了规定，以确保飞行秩序的稳定。

（3）加快服务创新，提供特色服务。随着科学技术的不断发展以及服务意识的不断深化，民航旅客都希望得到更新奇的旅行体验。因此，加快服务创新，提供特色服务就成了航空公司制胜的法宝。服务创新就是使潜在用户感受到不同于从前的崭新内容。服务创新通过为用户提供以前没有能实现的新颖服务，从而吸引旅客的注意力。

（二）民航服务人员与沟通

在民航服务过程中，民航服务人员与旅客之间，由于语言、文化、个性特征、社会地位等方面的差异，也会出现许多沟通的问题，引发沟通问题甚至沟通失败。如何克服这些问题，提高民航服务水平，为旅客提供更为优质的服务，是民航服务人员应该思考和努力的。

1.民航服务中沟通问题

（1）个性差异问题。个性品质差异较大者之间较难沟通。例如，善于抽象思维的人与善于形象思维的人彼此之间交流信息可能发生问题。但是个性品质相似的人，如果具有自私自利、不尊重人、固执等品质的人，也不一定能顺利沟通。民航旅客更容易相信热情善良、态度诚恳的民航服务人员，而不愿轻信那些不尊重人、服务态度冷淡的民航服务人员。

（2）情绪和情感问题。人与人之间的情感距离远近会直接影响到沟通是否顺畅和沟通效果的好坏。情感亲近、关系融洽,沟通就容易进行;反之,如果情感疏远,就容易使人产生逆反心理,沟通就难以有好的效果,甚至沟通失败。

民航服务人员如果不被旅客所接受,那么他与旅客之间的沟通是很困难的。民航服务人员在与旅客进行沟通的过程中,如果表现得过分热情,会使对方产生不好的联想。与情感反应过于强烈相反的情感反应是过于冷漠,对一切都无动于衷。为了克服这种交流问题,民航服务人员要学会情感的自然调节,把握情感的尺寸,既不能过分热情,也不能过于冷漠。

(3)文化背景问题。文化是人类在社会历史发展过程中所创造的物质财富和精神财富的总和,是历史的积淀。虽然历史的进程中不同文化也相互影响和渗透,但是不同国家和民族的文化却依然保持了各自独特的一面。因此,文化具有差异性,一种文化认为是至关重要的东西,对于其他文化来说,就可能并不会受到如此的重视。

伴随着航空业的发展,文化差异的影响也越发地突显。因此,必须培养人们的跨文化意识,加强跨文化交往能力,进行文化交流与展示,注重文化的融合和变迁,以此推动世界航空业的发展。文化背景问题主要有以下两个方面。

第一,社会习惯差异。社会习惯是人们长时期逐渐养成的,一时不容易改变的行为、倾向或社会风尚。社会习惯不仅会影响到消费者的消费价值观,而且会影响到人们的工作和思维模式。

第二,教育的差异。教育作为文化的一个分支,通过改变一个国家的比较优势或营销方式影响不同国家和地区之间的交流往来。旅客接受教育的水平和程度也会直接影响到民航服务人员与旅客的正常沟通。

(4)语言问题。语言是人与人之间沟通、交流思想的主要工具,是用以表达思想的符号系统。由于文化程度的差异,同样一种思想,有的人能够很好地表达清楚,有的人则不行。如果一个民航服务人员不能清楚、准确地表达相关信息,就会让旅客理解错误或不知所云,影响沟通的效率。

此外,不同语言种类的使用也会造成沟通的不便。旅客来自不同地方,有国内的或国际的,使用的语言种类繁多,这在客观上给民航服务人员与旅客的沟通带来了困难。机场服务及航班服务要求使用普通话,目的就是减少地方语言交流的问题。因此,民航服务人员如果能使用多种语言与不同的旅客交流,将会给服务工作带来更多的便利。

(5)态度问题。在人际交往中,态度的不同也会引发双方沟通产生问题。在民航服务中,如果服务人员缺少正确的服务理念,就会出现冷漠、怠慢等不好的服务态度,从而会引起旅客的不满,甚至投诉。民航服务人员需要端正自己的态度,培养良好的服务心态,不要用情绪来代替理智。此外,还需要将心比心,多从旅客的角度去思考问题,这样和旅客沟通的时候才能更加地顺畅。

2. 民航服务中沟通技巧

(1)理解和尊重。理解和尊重是服务工作的原则,但是在沟通过程中,不仅是原则那样简单,还有技巧问题,即适当的表达方式和技巧是保证沟通顺利进行的重要因素。例如,初次乘坐飞机的旅客,通常是紧张心理和好奇心理并存,这容易导致他们出现一些疏忽和过失。这时民航服务人员如果能和体贴地帮助他们解围,旅客会认为服务人员是很亲近并值得信赖的人,双方的沟通就很容易了。反之,如果服务人员心里并没有因为旅客的过失而心生埋怨,但是面无表情地说话,也会使旅客感到过意不去或尴尬,从而造成沟通的困难。

因此,在民航服务工作中,对旅客的一些疏忽、过失,只要不是故意的,服务人员都要给予理解、帮助,不要责怪旅客,这也是对旅客的一种尊重。

(2)加强配合与协调。在民航服务过程中,旅客的行为会影响到服务质量和效果。旅客有效地参与行为是保证服务质量和满意度的必要和重要条件。有效、有序的沟通,离不开旅客的参与及配合。例如,由于天气等客观因素或机械问题等人为因素,航班经常会发生延误,而这将直接影响到旅客的利益,这也是旅客与航空公司之间问题最为集中的原因。

因此,在航班延误时怎样与旅客沟通和解决旅客的各种问题,是航空公司必须研究的一个问题。航空公司需要重视航班延误时的管理政策,可以培训机组人员,让他们学会在飞机误点时怎样最快地通知旅客和怎样让旅客接受一个延误时间区间。这样保证了与旅客的有效沟通,容易得到旅客的理解和配合。

（3）迅速地解决问题。由于航空运输业的特殊性，航空公司或机场单位都会面临许多临时出现的问题，如航班延误、旅客投诉等，这些临时的问题必须要迅速、及时、有效地解决，绝对不能推后、拖延。因为一个问题如果不及时解决，就可能迅速变大或升级，从而造成不好的影响。

（4）熟练掌握语言技巧。民航服务人员与旅客在沟通交流过程中，要熟练地掌握语言技巧。一方面，要注意遣词造句；另一方面，要注意说话时的语音、语气和语调。通常来说，温柔的声音给人以温和感，表现的是爱与友善；强硬的语气给人以挤压感，表现的是厌烦；声音洪亮、中气十足，给人以跳跃感，表现的是喜欢和欣然；粗重的呼吸和声音给人以震动感，表现的是愤怒等。

尤其是在面对不配合的旅客，民航服务人员在处理事情时，要注意说话的语气和语调，不要伤及他们的自尊心，即便是旅客强词夺理，也要用诚意去打动他。只有熟练掌握了语言技巧，才能最大限度地避免很多沟通障碍的产生，同时也能化解误会，消除问题。

（5）诚心、诚恳、诚实。沟通倡导以对方为中心，要站在对方的立场上考虑问题。民航服务人员的内心思想、心态以及说话的原则都需要进行自我塑造和培养。诚心就是要具备一颗正直、诚实的心。这种诚心，别人是能从相貌、声音等外在表现感觉到的，无形中可以使得别人更快地接受自己，使沟通更为顺畅。

诚恳是一种态度，希望别人用怎样的态度来对自己，就得先以怎样的态度对待别人。要善于发现每个人身上的优点，谦虚地向别人学习。诚实是一种说话的原则，具有相对性，并非绝对。在不同的时间、场合，面对不同的人，诚实的体现也要视当时的具体情况而定。

因此，民航服务人员在与旅客沟通时，要以对方为中心，展现出自己诚恳的态度，表现出诚意，这样才能和旅客达成共识，起到沟通的作用。

（三）民航服务人员与人际关系

1.客我交往特性

在民航服务中，客我交往是人际关系中的一种特殊的形式。民航服务中的人际关系,主要是指民航行业的全体从业人员,尤其是基层接待人员和空中乘务人员与旅客之间的关系。民航服务人际关系的主体是服务人员,客体是广大旅客。民航服务效果主要取决于服务中人际关系的主体,即服务人员,他们是代表民航企业来接待旅客的。处理好客我关系,是所有民航企业成败兴衰的根本问题,也是民航服务人员敬业奉献的表现。

在民航服务业中,民航服务人员与旅客的关系本应该是对等的,但由于民航服务人员所处的特定角色及旅客所处的特定地位,在客我双方的交往中却又是不同的,具有以下特性。

(1)交往时间短暂性。由于民航服务本身的特点,旅客从购票、候机、途中飞行直至到达目的地,一般时间不会太长,形成了民航服务交往频率高、时间短的活跃局面。尽管在机场候机的时间稍长些,但客我交往接触的时间还是很少,相互沟通、熟悉了解的机会也极少。

(2)交往深度局限性。由于民航服务交往具有短暂性、不对等性和公务性的特点,所以民航服务人员与旅客之间的接触只限于具体的服务项目,而不能涉及个人关系,更不能进行个人历史、家境和性格方面的深层了解。

(3)交往结果不稳定性。民航服务,是一种人与人面对面的交往活动。由于民航服务人员个人素质、能力性格上的差异及旅客社会地位、经济实力、文化背景和情绪变化的差别,同一服务人员在不同的时间、地点为不同的旅客提供同一服务项目,也会产生截然不同的服务效果。因此,交往结果具有不稳定性。

(4)交往地位不对等性。在日常生活中,人际关系和人际交往凭的是自愿,靠的是兴趣,而且交往双方的主体地位一般完全平等。而在民航服务交往中,对旅客来说,人际交往和人际关系可以是自愿、兴趣所致。

对于民航服务人员来说,不可以凭自愿、兴趣与旅客交往。因为,旅客与民航服务人员之间是一种不对等和不平衡的关系,如果服务人员由于不能正确处理这种不对等的关系而陷入自卑或逆反心理状态,就会给管理和服务工作造成消极影响,不利于民航企业的声誉。

在平时的工作中,民航服务人员如果遇到问题或不顺心时,掌握一些自我调节的技巧是十分有益的,主要有以下方法。

第一,平心静气。能使人平心静气的三项法则包括:降低声音,继而放慢语速,最后胸部挺直。降低声音、放慢语速都可以缓解情绪冲动,而胸部向前挺直会淡化冲动紧张的气氛。因为情绪激动、语调激烈的人通常都是身体前倾的,这样就会使自己的脸接近对方,这种讲话姿态会人为地造成紧张局面。

第二,闭口倾听。愤怒情绪发生的特点在于短暂。当别人的想法不能认同,而一时又觉得自己很难说服对方时,闭口倾听会使对方意识到,听话的人对他的观点感兴趣,这样不仅压住了自己的情绪,同时有利于削弱和避开对方的情绪。

第三,交换角色。在人与人沟通的过程中,心理因素起着重要的作用,人们都认为自己是对的,对方必须接受自己的意见才行。如果双方在意见交流时,能够交换角色而设身处地地想一想,就能避免情绪问题。

第四,理性升华。当冲突发生时,在内心估计一个后果,想一下自己的责任,将自己升华到一个有理智、豁达气度的人,就一定能控制住自己的情绪,缓解紧张的气氛。如果以后在职场中再遇到烦心的事情,还可以这样思考,会快速平复心情,掌控自己的情绪。

(5)交往的公务性。无论是民航服务,还是餐饮或其他服务,在一般情况下,服务人员与旅客的接触只限于旅客需要服务的地点和时间内。否则,就是一种打扰旅客的违反规定的行为。换言之,民航服务中的客我交往,主要是出于公务上的需要,而不是一种个人情感、兴趣和爱好方面的需要。

2.客我交往作用

(1)良好客我交往对航空公司的重要性。在民航服务中,人际关系(即旅客与民航服务人员的关系)的好坏决定了航空公司的社会形象和社会声誉,从而影响甚至决定了航空公司的经济效益。民航服务的过程实际上就是航空公司出售自己的产品的过程。

在民航服务中,良好的客我交往可以提高旅客的满意度,增加回头客,既提高了航空公司的效益,又是对航空公司的宣传。尤其是在竞争激烈的时代,公司的形象和声誉决定公司的效益,而优质服务就是对航空公司社会形象和声誉的最有利的宣传。

(2)良好客我交往对民航服务人员的重要性。对民航服务人员来说,良好的客我交往很重要。首先,良好的客我交往在愉悦旅客的同时,也能帮助民航服务人员顺利地开展工作,出色地完成工作任务。其次,良好客我交往的出色表现也能使民航服务人员得到精神上的慰藉和满足,受到鼓舞并建立自信心。在为旅客提供满意服务的同时,民航服务人员也实现了自我价值。最后,良好的客我交往,为旅客提供满意的服务不仅宣传了公司,也宣传了民航服务人员自身。将会极大地帮助民航服务人员在团队和公司树立自己良好的职业形象,从而得到团队和航空公司的肯定和认可,为自己职业生涯的发展提供更多机会,营造更好的环境。

3. 客我交往心理状态、交往形式及原则

(1)客我交往的心理状态。在民航服务人际交往和人际关系中,旅客和民航服务人员的心理状态主要呈现为三种形态,即家长型、幼儿型和成人型。家长型心理状态一般以权威为特点,通常表现为两种行为模式:一是命令式。其具体表现为指挥、控制和其他专制作用的行为。二是慈爱式。其具体表现为关怀和怜悯的行为,如"请别着急,会想办法的"等。

幼儿型幼儿型心理状态以情感为特征,具体表现为两种行为模式:一是服从式。其具体表现为顺从某种意愿的行为,如旅客要求送一杯茶,服务人员马上应声回答:"请稍等,茶马上就送来。"二是自然式。其具体表现为冲动、任性和自然。

成人型心理状态以思考为特征。换言之,成人型心理状态的行为大都经过深思熟虑。其行为模式主要有:"请问还有没有靠窗的座位""先生,对不起,靠窗的座位已经没有了""能不能给我安排一个靠窗的座位""好的,马上给您安排一个靠窗的座位"。服务人员在旅客订座后,总结式地将其姓名、身份证号码和航班信息进行复述。

(2)客我交往的形式。旅客和民航服务人员之间的客我交往,主要有平行性交往和交叉性交往两种形式。平行性交往是一种融洽性交往和顺从性交往。换言之,当旅客发出交往的信息后,民航服务人员的反应要符合旅客的期待,顺从旅客的意愿。这样的交往,客我双方才能情绪愉快、关系融洽。平行性交往可以分为以下三种形式。

第一，成人型对成人型的交往。这是平行性交往中常见的一种交往形式。例如，旅客对服务人员说："请拿一条毛毯"，服务人员马上回答："好的，马上给您拿"。这种交往即属于成人型对成人型的平行性交往。

第二，家长型对幼儿型的交往。例如，旅客对服务人员嚷道："马上给我换临窗的座位"，服务人员答道："马上就给您换"。这种交往即属于家长型对幼儿型的顺从性交往。

第三，幼儿型对家长型的交往。这种形式的平行性交往，一般以女性旅客为多见。例如，一位女性旅客因为未能购得机票，焦急万分而求助于服务人员。服务人员安慰道："别着急，帮您想想办法"。这种交往即属于幼儿型对家长型的融洽性交往。

交叉性交往，是指民航服务人员的行为并不符合旅客需要的一种交往。这种形式的交往必然导致双方关系紧张，甚至中断。交叉性交往有四种类型：一是成人型与家长型的交叉性交往；二是家长型与家长型的交叉性交往；三是成人型与幼儿型的交叉性交往；四是幼儿型与幼儿型的交叉性交往。

(3)客我交往的原则。民航服务是一种不对等的交往，是民航服务人员为旅客提供服务，并努力使旅客感到满意的一种交往。所以，要求民航服务人员在与旅客交往的过程中，必须遵循以下两条原则。

第一，应该努力保持平行性交往。在民航服务交往中，民航服务人员应该时刻牢记自己的职责，不管客人采取怎样的交往方式，有怎样的心理需要，都必须保持平行性交往，只有这样，旅客才能感到满意。

第二，注意引导对方进行成人型交往。在家长型、成人型和幼儿型三类心理状态中，如果旅客处在家长型的心理状态，采取命令式的固执行为，民航服务交往就会显得相当困难。如果旅客处在幼儿型的心理状态，一切都是想当然，凭感情和兴趣用事，民航服务交往也会因无原则而最终导致交叉性交往的出现。因此，只有以思考为特征的成人型心理状态才能理智地处事待人。为了避免交叉性交往的出现，民航服务人员应该注意诱导对方进行成人型交往。

4. 良好客我关系建构策略

民航服务人员要想与旅客保持良好的客我交往，需要具备健全的人格、正确的认识方式和正常的情绪反应，同时也需要相应的交往技能和技巧。

(1)影响客我关系的因素。在民航服务中，影响服务人员与旅客交往的因素很多，既有主观的，也有客观的，了解这些影响对做好民航服务工作，处理好关系构建是有必要的。

第一，自我坦诚。人际关系，只有在人与人之间发生关联之后才能产生，因此除了对自己、对别人有一个适当的概念之外，还需进一步与人互动，经由彼此的自我坦诚，让对方知道自己，让自己知道对方。经过自我坦诚，才能与别人进行有效的沟通。

第二，互惠互利。人与人之间的交往也是一种互惠行为。这种互惠行为既有功利的、经济的和现实的作用，也有精神的、心理的和超现实的意义。所以，在人际交往中，每个人都难免有酬赏和代价的比较水准。一般而言，功利的互惠较为现实，但不能长久；而心理的互惠较能满足人的基本需求，能持续长久。因此，如能把感激的心情传达给对方，对方也会为自己做更多的事、提供更多的服务。

第三，个人特质。人们喜欢以真心待人的人，不喜欢富有心机、算计别人的人。一个亲切、温和、面带微笑的人通常比一个冷淡、漠然、面无表情的人更让人乐于亲近。人们通常喜欢聪明、有能力、有智慧的人，主要是因为跟这些人在一起，对自我比较有利，能帮助解决问题，让生活更又去、更有活力等。

在其他条件都相同的情况下，一个外表较具吸引力的人，比外表没有吸引力的人，更受人喜爱。民航服务人员要想增进人际吸引力，就应加强印象修饰。从自己的服饰、举止、面部表情、精神状态等方面做出适合于自身的角色和当时情景需要的行为，产生令人愿意接近的吸引力。此外，其他令人愉快的人格特质，有开朗、心地善良、无私、关怀体贴等特质的人。

在民航服务中服务人员要与各种各样的旅客打交道，一个性格内向、沉默的服务人员不容易与旅客建立起密切的关系。同样，客我交往也需要宽容的品格，能够虚怀若谷，容纳旅客的不同意见，对旅客谦恭有礼的人才能受到旅客的欢迎。总之,增强自己的人格魅力是进行良好客我交往的重要因素。

第四,两人间的情境因素。人际关系的发展是以接触为基础的,只有彼此相当接近,才能在需要的时候,适时地提供支持或帮助,以维系感情。接近性使人们彼此接触机会增加,熟悉的可能性增加,因而导致吸引。由于人与人之间在活动空间内彼此接近,因而有助于人际关系的建立,这是一种最自然的现象。由空间上的接近而影响人际吸引的现象称为接近性。

熟悉可以减少人与人之间的不确定性,使安心。因为人与人空间上彼此接近,未必一定彼此吸引,在接近的条件下要想进一步与旅客建立良好的人际关系,彼此相互接纳,是另一个重要因素。接纳,是指民航服务人员乐于接纳旅客的态度与意见,接纳旅客的观念与思想。只有在接近的条件上彼此接纳,才会有助于民航服务人员与旅客彼此之间的交往。

第五,两人特质之间的关系。彼此之间的态度、价值观,以及人格特质的相似性是影响人们友谊的重要因素。因此,在交往过程中,民航服务人员要善于发现与旅客的相似之处,从而增进交往关系。需求上的互补,即一方所需要的,正是另一方所能提供的,或一方所缺少的,正是另一方所具备的,也都可能导致彼此间的吸引。

(2)客我关系中的心理效应。每一名民航服务人员都希望能在与旅客交往的过程中展示出自己最好的一面,给旅客留下良好的印象,希望在与旅客的交往中正确地认识、了解他们。为此,民航服务人员有必要了解客我交往过程中人们的各种心理效应,把握好自己的言行、态度、情绪,与旅客和谐相处。

第一,否定后肯定效应。在客我交往中,有一种否定后肯定效应:如果人们先对某人做出否定评价,而后来的事实证明这种评价是错误的,那么,人们会对此人做出更高的评价。换言之,如果没有原先的否定,还不至于对此人做出如此高的评价。

产生否定后肯定效应的条件是:有一件事情使人们对某人做出了否定的评价,后来又发生了一件事情,使人们认为应该改变对此人的评价。所以,当航空服务人员由于某种原因而出现失误,使旅客对其做出较低的评价时,绝不应该失去信心、伤心难过,而要想方设法弥补过失,挽回影响,重新赢得旅客的满意。

第二,角色扮演。在民航服务中,旅客和服务人员之间的交往,主要是作为一种特定的社会角色的人际关系和人际交往。角色,心理学上的解释是一种职能,一种对每个处在这个地位上的人所期待的符合规范的行为模式。角色主要有四个要点:①充当某种角色,也就意味着在社会生活中处于某种地位。例如,担任空中服务人员的角色,就意味着在民航服务交往中处于服务人员的地位,而以旅客的角色乘坐飞机,那就意味着在民航服务中处于客人的地位。②角色是一种职能、一种权利。例如,航空公司经理,有经理的职能和权利;服务人员,有服务人员的职能和权利。③每一种角色都有其符合规范的行为模式。④一个人一旦充当了某种角色,人们就会按照该角色的标准和要求对其寄予相应的期望值。

人与人应该是平等的,但这并不意味着当人们扮演着不同的社会角色来进行交往时,总是可以平等的。从心理学角度来看,人与人之间的平等是由人与人之间的相互尊重来体现的,而不是由不分场合来体现的。

(3)客我关系的心理问题。在民航服务人员与旅客的交往中,有些服务人员由于对客我交往的本质缺乏正确的认识,对待服务工作缺乏正确的态度,在客我交往中常表现出一些心理问题,妨碍了服务工作的顺利进行。

有些服务人员在工作中完全从自己的角度考虑,只关心自己的利益和兴趣,忽视旅客的利益和处境。在客我交往中表现为目中无人,自私自利;与同事相聚,不高兴时会不分场合地乱发脾气,高兴时则全然不考虑旅客的情绪和态度。这样的客我交往必然会出现问题。

羞怯心理是绝大多数人都会有的一种心理。具有这种想法的人,经常在工作中害怕见人。由于过分的焦虑和不必要的担心,他们在言语上表达不好,行动上手足无措,长此下来,会不利于同旅客的正常交往。性格孤僻会导致不喜欢与人交往。克服孤僻心理的关键在于要勇于打破自己设置的心理问题,敞开心扉,用坦荡、真挚的情感去赢得旅客、同事的理解和友谊。

(4)建立客我关系的原则,主要包括以下方面。

第一,平等原则。平等的原则,是人际交往的基础。没有平等,就谈不上尊重,没有相互尊重,就无法维持正常的交往关系。民航服务人员在与旅客交往的过程中,彼此在人格上是平等的,交往的双方都是受益者,一定要平等待人。

由于主客观因素的影响,人在气质、性格、能力、知识等方面存在差异,但在人格上是平等的。每个人都需要得到别人的尊重,都需要通过交往寻找自己的社会地位,获得他人的肯定,证明自己的价值,而平等的原则正可以满足客我交往的这一需求。

第二,诚信原则。诚即真诚,信即守信。诚信是客我交往的根本,也是人与人之间建立信任和友谊的基础。在客我交往中,只有双方都心存诚意,才能相互理解、接纳、信任,感情上才能引起共鸣,交往关系才能得以发展。

在现实生活中,人们都愿意与表里如一、言行一致、诚实正派的人交往,而不愿意与口是心非的人交往。所以,如果民航服务人员如果给旅客留下虚假、靠不住的印象,就会失去旅客的信任,就会很难与旅客进一步交往。真诚是获得友谊的桥梁,守信是中华民族最古老的传统。在客我交往过程中,航空服务人员要努力做到言必行,行必果。

第三,宽容原则。宽容是一种美德,也是对健康交往关系的一种呵护。这就要求航空服务人员在与人交往时,要学会用辩证的观点看问题,对非原则的问题不斤斤计较,不过分挑剔旅客。在与旅客发生问题时,要有宽广的胸襟、豁达的气量,要允许旅客有不同意见;要以豁达、宽容和开阔的胸怀来容纳旅客的缺点;要严于律己,宽以待人,不放纵自己,不苛求他人,这样就会赢得旅客的尊重。

第四,赞扬原则。在客我交往中,民航服务人员要善于发现并且鼓励、赞扬旅客的优点与长处,礼貌相待,这样才能相互促进与提高。赞扬旅客也会给旅客带来愉悦和良好的情绪,旅客也会喜欢让人愉快的人。赞扬的作用永远都会胜过批评。要建立良好的客我关系,恰当的赞美是必不可少的。一个人具有某些长处或取得了某些成就,通常就会需要得到社会的承认。

如果民航服务人员能以诚挚的敬意和真心实意的赞扬满足旅客的自我需求,那么任何一个旅客都会更加高兴、通情达理、更乐于协作。恰当地赞美别人,会给人以舒适感。从而促进服务的满意度,增加顾客的乘坐体验,为旅客的下一次航班选择打好基础。

(5)建立良好客我关系的技能与技巧,主要包括以下方面。

第一,塑造良好的自身形象。良好的自身形象和大方的仪表是客我交往的基础。在民航服务的客我交往中,人们比以往更注重民航服务人员的外表和风度。民航服务人员的形象如何,将直接影响与旅客的关系。

民航服务人员与旅客交往的时候要注意:以诚为本,坦诚相待;衣着整洁大方,符合自己的身份和气质,可适当修饰或化妆;举止得体,谈吐文雅,不言过其实、不言不由衷,不欲言又止;态度谦和、热情大方,切忌傲慢自大、目中无人;在适当的时候,可以展示自己的才华和特长;当旅客需要帮助时,乐于助人,给予全力帮助;文明礼貌,谦虚谨慎,实事求是。

第二,学会赞美。与旅客交流要学会使用赞美性的语言。赞美的实质是对他人的赏识、激励。一个笑容可掬、善于发掘别人优点并给予赞美的人,肯定会受到别人的尊敬和喜爱。在现实生活中,每个人都希望得到尊重和承认,他人的赞美正是对这种需要的满足。所以,恰到好处地赞美能协调人际关系,给旅客带来美好的心境。

赞美需要艺术。充分地、善意地看到旅客的长处,因人、因时、因场合、适当地赞美,不管是直率、朴实,还是含蓄、高雅,都会收到很好的效果。但赞美也不能滥用,赞美是一种诚恳的、自然的情感流露,要真实、诚挚,不可虚情假意。人们喜欢得到赞扬,但只喜欢合乎事实的赞扬,对不合事实的赞扬则会心生反感。

第三,学会倾听。倾听,是对旅客尊重的表现,是交谈成功的要诀。注意和善于倾听的人就会善于沟通、深得人心。所以,航空服务人员要养成良好的倾听习惯,这将有助于获得幸福和成功。

倾听的要领是:首先,要耐心听取旅客讲话,态度谦虚,目光应注视旅客;其次,要善于通过体态语言及语言的其他方式给予必要的反馈,做一个积极的倾听;最后,不要随便打断旅客的讲话,更不要中间自己插进来大讲特讲。

在旅客讲话的时候,航空服务人员可以适当地提出一些问题。通过提问向旅客传递一个信息,表达是在仔细地听他说话。此外,倾听的时候要能听出旅客的言外之意。一个聪明的倾听者,不能仅满足于表层的倾听,而要从说话者的言语中听出话中之话,从而把握说话者的真实意图。只有这样,才能做到真正的交流、沟通。

第四,学会尊重。尊重,包括自尊和尊重他人。自尊是指在各种场合自重自爱,维护自己的人格;尊重他人,则是指重视他人的人格、习惯与价值,承认客我交往双方的平等地位。在客我交往中,只有先尊重旅客,才能得到旅客对航空服务人员的尊重。尊重他人可以体现在许多方面。

以谈话为例,做到尊重需要:以头或手表达一种肢体语言,或发出"哦""嗯"声等,表示自己在注意倾听,以引起旅客继续谈话的兴趣。要尽量让对方把话说完,不要轻易打断旅客或抢接旅客的话题,扰乱对方的思必要插话时,可委婉地说:"请允许打断一下"。这样可避免旅客产生对他轻视等不必要的误解。

在交谈时,不要自己一味地说个没完,要给旅客以讲话的机会;否则,会显得自高自大,轻视他人。在旅客谈话时,可以思索,但不要过于严肃。听者应轻松自如,应随着旅客情绪的变化而伴之以喜怒哀乐的表情;否则,旅客会感到冷漠,而没有情绪继续说下去。

第五,真诚待客。在民航服务工作中,民航服务人员对待旅客要以诚相待,不要过于世故。诚是客我交往的根本,一向受到人们的崇尚,交往能做到一个诚字,必能赢得真诚的回报;反之,则永远也不可能得到对方的真诚相待。

第六,热情有度。所谓热情有度,主要是指服务人员在为旅客热情服务时,务必要重点把握好热情的具体分寸。热情总比冷漠好,主动服务总比被动服务好。然而,任何事情都有一个度,过于热情就会过犹不及。凡事物极必反。如若热情过度,同样达不到预期效果。服务不够热情,通常会怠慢旅客;服务热情得过了头,亦会有碍于旅客。

热情的具体分寸,即为热情有度中的度。这里所说的度,主要是指服务人员在向旅客提供服务时,不只是要积极、主动,更要防止因此而干扰了对方。在一般情况下,服务人员要向旅客提供无干扰的热情服务,特别有必要注意其总体要求,是要使服务人员在深谙现代人强调尊重自我心态的基础上,把握好热情服务的度,使旅客在享受服务的过程中心安理得,不受过度礼遇的惊扰。

（6）客我交往的注意事项，包括以下方面。

第一，不卑不亢，心态平和。不卑，就是不显得卑微；不亢，就是不显得高傲。换言之，在旅客面前，航空服务人员永远要保持平和的心态。现代社会生活是丰富多彩的，在不同的时间和空间里，人们所扮演的角色在不断转变，服务与被服务的角色也会因时间与空间的不同而变化。因此，作为民航服务人员必须有正确、平和的心态。

第二，不与旅客过分亲密。航空服务人员在进行服务时，要注意公私有别。在服务工作中，出于礼貌或创造和谐气氛的需要，服务人员可以和旅客进行一些简单的交谈。但是，服务人员与旅客交谈时要注意两点：第一，是不能影响工作；第二，不能离题太远。比如，服务人员与旅客交谈，本来是为了更好地做好服务工作，但别的旅客要求服务时，却没人应答，结果招致旅客的不满，这便与本来的目的大相径庭了。

第三，不过分烦琐，不过分殷勤。对于旅客提出的要求、托办的事项，航空服务人员只要轻轻地说一声"好的"或"明白了"即可，不要一味地重复，以免使旅客感到厌烦，否则也是一种失礼的表现。

第四，一视同仁，区别对待。虽然乘飞机的旅客的身份、地位、年龄、健康状况不一样，但都应当一视同仁地对待他们。如果航空服务人员以貌取人，是非常不好的。只要来乘坐飞机，旅客就理应受到尊重，作为航空服务人员就得为旅客服务。

此外，有的服务人员看见熟人乘坐飞机就很客气，甚至长时间地大声交谈；而对普通、不熟悉的旅客则不尊重、不热情。这会给别的旅客带来不好的印象。因此，服务人员若是遇见熟人来乘坐飞机，礼貌问候即可，不可以坐下来与熟人闲聊。要记住这是工作时间，不是私人聚会，要分清场合。

对于某些旅客，航空服务人员又必须给予适当的特殊照顾，比如老、弱、病、残、孕等旅客，在他们乘机时最好上前搀扶。这样做，才能切实体现服务人员的礼貌修养。对于一般旅客，则可不必如此。

第五，表情适度，举止得体。在人际交往中，通常表情亦被人们视为一种信息传播与交流的载体。航空服务人员在向旅客提供服务时，有必要对自己的表情自觉地进行适当的调控,以便更为准确、适度地向旅客表现自己的热情友好之意。

在服务过程中,航空服务人员要注意运用好自己的眼神。当旅客在自己面前出现时,禁止有的眼神包括:一是盯着旅客,似乎担心旅客进行偷窃;二是打量旅客,似乎对旅客满怀好奇之心;三是斜视旅客,似乎是在对旅客挑剔不止或是瞧不起旅客;四是窥探旅客;五是扫视旅客,即对旅客的某些部位反复注视,此举极易引起旅客的反感。

在服务过程中,航空服务人员还要注意把握好自己的笑容。笑也必须笑得得体,笑得是时候。只有在航空服务人员迎送旅客或为旅客直接服务时,适当的微笑才是可以被接受的。

航空服务人员在为旅客提供服务时,切记对自己的举止有所克制。有三种情形有可能干扰旅客的举止理当严禁:①不卫生的举止。航空服务人员当着旅客的面,对自身进行掏耳朵之类的卫生清理,或者随意用自己的手及其他不洁之物接触旅客所用之物,都属于不卫生的举止。②不文明的举止。航空服务人员的某些不文明的举止,如当众脱鞋、更衣等,对旅客难免会有所影响。③不尊重的举止。航空服务人员对旅客背后议论,甚至拉扯,不仅有可能失敬于旅客,而且对于旅客也会形成一定程度的干扰,甚至会令旅客心怀不满。

参考文献

［1］ 包海峰.民航企业必须加强安全文化建设［J］.企业改革与管理,2015
(16):171.

［2］ 蔡顺驰.把社会主义核心价值观贯穿于弘扬当代民航精神之中:以厦航培育
和践行社会主义核心价值观为例［J］.空运商务,2018(3):18-21.

［3］ 常军.以民航精神铸造国门之魂以文化创新汇聚发展合力［J］.民航管理,
2017(8):23-24.

［4］ 陈国萍.交际翻译理论在民航服务英语翻译中的应用［J］.海外英语,2019
(2):22-23.

［5］ 陈晓洁.现代礼仪文化在民航服务中的应用探究［J］.青春岁月,2019
(26):441.

［6］ 陈烜华,庞敏.民航服务投诉分析及补救研究［J］.科技创新导报,2019,16
(23):236-237.

［7］ 楚喆.试论民航服务类专业学生语言表达能力的培养途径［J］.科技资讯,
2020,18(9):246-247.

［8］ 崔轩瑞.民航空管安全文化建设研究［J］.区域治理,2018(33):288.

［9］ 丁超凡,丁伟.心理学视角下的中国民航服务营销［J］.淮北职业技术学院学
报,2020,19(2):80-82.

［10］ 方少灿.论当代民航精神视域下民航职业技能人才的培养［J］.改革与开
放,2019(22):5-7.

［11］ 苟奉山.论当代民航精神视角下民航类大学生职业意识培养［J］.中国民用
航空,2020(1):59-61.

［12］ 辜英智,刘存续,魏春霖.民航服务心理学［M］.成都:四川大学出版

社,2012.

[13] 郭珍梅.从文化自信的视角浅析我国航空服务创新策略[J].空运商务,2019(12):12-14.

[14] 何红霞.信息化教学模式在民航服务英语中的应用[J].吕梁教育学院学报,2019(2):96-98.

[15] 黄晨.民航服务英语教学实训体系创设实践分析[J].佳木斯职业学院学报,2018(12):308-309.

[16] 黄然.提升服务质量推动民航高质量发展[J].现代营销,2019(6):127.

[17] 黄振宇.民航服务空乘人员整体素养的提升策略[J].建筑工程技术与设计,2020(13):4574.

[18] 姜晨宇.现代礼仪在民航服务中的具体表现[J].湖北农机化,2019(24):48.

[19] 蒋宇洁,胡俊强.浅析民航安全文化建设[J].当代教育实践与教学研究(电子刊),2016(4):277-277.

[20] 兰秀清.发挥优势特色 推进科教创新 服务民航强国[J].中国民航飞行学院学报,2018,29(5):5,10.

[21] 李兵.安全文化在民航安全信息管理中的作用初探[J].企业文化,2019(5):27.

[22] 李曾.民航空乘人力资源的培训与激励机制研究[J].价值工程,2020(11):58-60.

[23] 李青.民航客舱安全文化浅谈[J].现代企业文化,2018(33):345-346.

[24] 李淑香,张凤英.民航服务英语情景教学方法探究[J].考试周刊,2018(61):111.

[25] 李屹然.民航客舱服务的表情艺术研究[J].现代职业教育,2019(20):122-123.

[26] 梁海峰,黄恺,杜建国.民航旅客服务系统交易模型及关键技术研究[J].电子测试,2017(22):80-83.

[27] 周晓敏.当代民航精神融入民航高校思想政治教育的基本内涵要求、必要性和问题分析[J].教育教学论坛,2020(11):57-58.

[28] 林嘉敏.基于技术进步下民航旅客需求变化与服务提升建议[J].内江科技,2019,40(3):60-61.

[29] 刘超,陈昊,邱文科.民航强国战略下加快高校航空服务专业发展[J].教育评论,2019(6):29-32.

[30] 龙继林,白义霞.民航运输服务产品开放式创新探索[J].经营与管理,2019(1):97-101.

[31] 吕雨阶.民航服务冲突问题探究及对策分析[J].产业创新研究,2020(12):91-92.

[32] 裴彬.浅析民航空管企业安全文化建设[J].科学与财富,2018(4):134.

[33] 彭巍,赖怀南.浅析基于顾客需要的民航运输服务[J].空运商务,2018(7):14-17.

[34] 綦琦,纪广平.基于旅客体验与便利化民航服务流程改善展望[J].空运商务,2019(4):12-15.

[35] 裘宏伟,王昕.弘扬和践行当代民航精神:民航院校培育社会主义核心价值观的现实路径[J].广东职业技术教育与研究,2020(3):153-155.

[36] 任绍峰.民航机场地面服务质量管理研究[J].商品与质量,2018(37):91,93.

[37] 帅刚,张世良.透视民航文化的多维结构[J].科技资讯,2019,17(11):221-223.

[38] 孙莉.我国民航当前客舱服务现状分析[J].现代经济信息,2018(13):373.

[39] 孙鹏霄.提高民航服务业质量改进措施[J].中国战略新兴产业,2020(12):254,256.

[40] 唐会兵.当代民航精神的内涵解读[J].长江丛刊,2019(15):154-155.

[41] 唐会兵.民航大学生践行当代民航精神的路径探究[J].卷宗,2020(1):304.

[42] 王娟娟.浅议转型升级时代的民航服务品牌[J].空运商务,2019(2):26-27.

[43] 王连峰.中国民航行业先进文化的当代内涵[J].中国民用航空,2006,61(1):81-83.

[44] 王乙.关于民航空中交通管理安全文化建设分析[J].中国战略新兴产业,2019(18):5.

[45] 王煜坤.民航服务中的质量问题分析[J].科技风,2019(9):236.

[46] 文兴忠,周长春.民航安全文化概论[M].北京:中国民航出版社,2013.

[47] 文兴忠.民航安全文化变革探析[J].中国民航飞行学院学报,2013,24(5):44-46.

[48] 文兴忠.民航安全文化起源与发生机制[J].中国民用航空,2013(7):69-70.

[49] 吴延晴.当代民航精神在民航职业院校思想政治教育中的渗透[J].广东交通职业技术学院学报,2019,18(2):110-113.

[50] 武梦迪.关于如何提升民航安检服务质量的研究[J].环球市场,2020(5):206.

[51] 谢超.民航安全文化变革探析[J].福建质量管理,2018(17):193.

[52] 邢蕾,綦琦.基于多维视角的我国民航服务现阶段的问题和挑战浅析[J].空运商务,2018(10):14-16.

[53] 徐玉磊.大数据背景下民航服务工作面临的形势分析[J].建筑工程技术与设计,2019(3):77.

[54] 薛燕,关兵.关于系统科学与民航安全文化建设研究[J].军民两用技术与产品,2016(2):34.

[55] 闫绪.优化民航安全文化建设的策略研究[J].桂林航天工业学院学报,2018,23(4):535-537.

[56] 杨维清.探析智能化信息化建设对民航地面服务工作的影响[J].商情,2019(15):89.

[57]　杨永梅. 参与式教学在民航服务礼仪课程教学中的运用分析[J]. 才智, 2020(13):29.

[58]　叶钰泓. 民航地面服务中语言交际运用的研究[J]. 丝路视野, 2018 (35):299.

[59]　智元媛. 民航运输地面服务企业建立质量管理体系的探索与思考[J]. 卷宗, 2019(27):203.

[60]　袁建华. 民航运输服务与国民经济增长分析[J]. 大科技, 2019(24): 213-214.

[61]　张凤. 当代民航精神的思考[J]. 魅力中国, 2019(30):241-242.

[62]　张凤. 社会主义核心价值观与当代民航精神[M]. 北京:社会科学文献出版社, 2018.

[63]　张国霞, 李涵. 共享模式下民航企业客户服务满意度提升路径[J]. 企业科技与发展, 2020(4):215-216.

[64]　张骥骧, 余晓磊. 基于服务质量的民航企业竞争决策分析[J]. 价值工程, 2018, 37(8):102-105.

[65]　张健, 孙伟社. 论安全文化在民航安全管理中的作用[J]. 民航管理, 2012 (3):67-68.

[66]　张秋阳. 基于当代民航精神的生命价值观培育策略[J]. 山东青年, 2020 (2):161, 163.

[67]　赵淑婷, 段益, 叶晓婷, 等. 当代民航精神的历史源流探赜[J]. 成才之路, 2019(30):14-16.

[68]　郑欣宜. 大数据背景下民航服务工作面临的形势及对策[J]. 淮南职业技术学院学报, 2018, 18(6):109-110.